To.
_____

내가 당신의 것이 되는 때,
비로소 나는 나의 것이 된다.
_미켈란젤로

From.
_____

사랑수업

아리스토텔레스부터 괴테까지,
2천 년 지혜의 숲에서 건져 낸 260가지 사랑법

사랑수업

박홍규 지음

Ć
추수밭

사랑에 서툰 당신이
처음 읽는 사랑 인문학

사랑이라는 말만 들어도 얼굴이 붉어지던 시절이 있었습니다. 지금도 그런 사람이 있겠지만 주변에서는 좀처럼 찾아보기가 어렵군요. 도리어 요즘에는 사랑이라는 말만 들어도 화를 내는 사람이 많습니다. 사랑이 밥 먹여 주냐며 욕하는 마초 같은 사람도 있고, 사랑이란 남자들이 여자들을 지배하기 위해 만들어 낸 환상이라고 욕하는 자칭 페미니스트도 있습니다.

이처럼 사랑에 대한 생각은 다양합니다. 그러나 대부분의 사람들은 사랑을 주제로 한 드라마의 영향으로 가공의 사랑을 모방하느라 자신의 참된 사랑을 잊고 사는 듯합니다. 텔레비전과 달리 인터넷이나 스마트폰을 좋은 정보 매체라고 주장하는 사람들도 있지만, 인터넷이나 스마트폰이 도리어 더욱 허구적이어서 스스로 사랑을 추구하고 주체적인 삶을 살아가는 자유를 빼앗고 있다는 생각도 듭니다.

그래서 그런지 도서관과 서점은 사랑에 대한 책으로 넘쳐납니다. 사랑에 대한 책들은 대부분 심리학 차원에서 소위 자기 계발이나 자기 수양의 하나로 다루어지고 있습니다. 마음의 문제이고 개인의 문제라는 것이지요. 개인적으로 마음을 잘 다스려야만 사랑도 이루고 성공도 한다는 것입니다. 그렇지 못하면 사랑도 성공도 불가능하다고 하면서요.

마음을 다스리는 데 도움을 주는 것은 좋지만, 어린 시절의 경험에 의해 행복이나 불행이 결정된다는 식의 이야기에는 동의하기 어렵습니다. 또 텔레비전에 등장해 인기를 얻은 소위 '힐링팔이'들이 개인의 아픈 마음을 돈벌이에 이용하는 것은 아닌지 우려되기도 합니다.

텔레비전이나 인터넷, 스마트폰을 끄고, 자기 계발 책도 덮고, 스스로 사랑하는 것 외에는 사랑에 관한 어떤 문제도 해결할 수 없습니다. 사랑의 가장 큰 문제는 사랑하는 사람들이 서로 다르다는 것입니다. 달라도 너무 다르다는 것이지요. 하지만 진정한 사랑이란 서로 다른 두 사람이 그 다름을 포용하는 것입니다. 다름이 그저 다름으로 남으면 아프기 마련이라는 것을 안다면 우리는 사랑에 대해 조금 더 용기를 낼 수 있을지 모릅니다.

사랑은 아프기 마련입니다. 그렇다고 죽는 것은 아닙니다. 아프다는 것은 우리가 살아 있다는 증거지 죽어 가는 과정이 아닙니다. 아픔은 우리의 숙명도 운명도 아니고 나아가는 과정의 전제, 살아가는 과정의 에피소드일 뿐입니다. 더욱이 사랑의 아픔은 뒷날 생각해 보면 너무나도 아름다운 추억이 됩니다.

그런 사랑을 철학적으로 고민해 보면 어떨까요? 제가 좋아하는 세르주 갱스부르(Serge Gainsbourg)라는 프랑스 가수는 "철학 없는 사랑은 금세 지나가 버린다"라고 했습니다. 철학자들이 사랑에 대해 사색했던 구절들 속에서 사랑의 참된 의미를 발견할 수도 있을지 모른다는 생각에 이 책을 엮어 보았습니다.

이 책에서 철학자라고 하는 사람들은 이른바 철학 전공자라기보다는 사색가나 사상가들까지 광범위하고 다양합니다. 우리에게 사랑의 철학에 대해 생각할 수 있는 말을 남긴 사람이면 모두 포함됩니다. 사실 철학이라는 학문이 요즘처럼 난해하고 전문적인 것으로 된 지는 얼마 안 됩니다. 철학이라는 말도 본래는 지혜 사랑이라는 뜻이었습니다. 그러니 이 책은 사랑의 지혜에 대한 책, 사랑의 아포리즘이라고도 할 수 있습니다.

지금도 철학이 어떤 분명한 경계를 갖는다고 생각되지는 않습니다. 특히 사랑에 대한 철학이 그렇습니다. 가령 에리히 프롬이나 모건 스콧 펙을 보통 심리학자라고 하지 철학자라고 하지는 않지만, 이 책에 자주 나옵니다. 그뿐 아니라 셰익스피어를 비롯한 문학인은 물론 배우까지도 사랑의 철학적 사색에 도움을 준다면 기꺼이 포함시켰습니다. 또한 민중의 지혜라고 할 수 있는 속담이나 격언도 담았습니다.

사랑은 자신도 모르게 오는 것이라고 하지만, 사실은 자신이 하는 주체적인 행위입니다. 그러나 사랑이 무엇인지 몰라 제대로 잘 하지 못할 수도 있습니다. 그래서 사랑도 배워야 하는 것입니다. 물론 사랑함으로써 사랑을 배웁니다. 그러니 언제나 겸손한 학생처럼 사랑을 시작해야 합니다. 바로 그 사랑의 힘이 사랑의 대가나 달인으로 만들어 줄 것입니다.

물론 돈 후안이나 카사노바가 된다는 것은 아닙니다. 도리어 평생 단 한 번의 참된 사랑을 하는 것이 우리 모두의 꿈일지도 모릅니다. 물론 그것은 꿈속의 이야기이고, 현실의 우리는 몇 차례 사랑을 해야 하는지도 모릅니다. 문제는 횟수가 아닙니다. 언제나 참된 사랑을 하는 것이 중요합니다. 그러기 위해서 우리는 사랑에 진중해야 합니다.

그렇다고 너무 신중해서도 안 됩니다. 가장 위대한 철학자 중 한 사람인 독일의 이마누엘 칸트는 어떤 여인의 청혼을 받자 도서관에 가서 결혼에 대해 깊이 연구한 뒤 그 여인을 찾아가 결혼하겠다고 말했지만, 그녀는 이미 두 아이의 어머니가 되어 있었습니다. 사랑은 이론으로 하는 것이 아니라 마음으로 하는 것임을 철학자는 잘 몰랐나 봅니다.

꼭 그래서는 아니겠지만 그는 평생 독신으로 지냈습니다. 독신으로 지낸 것을 반드시 불행이라고 말할 수는 없겠지만 아마도 칸트는 평생 그 여인을 그리워했을지도 모릅니다. 칸트를 통해서도 우리는 사랑에 대한 철학을 반면교사로 삼을 수 있습니다.

이 책은 봄, 여름, 가을, 겨울의 장으로 나뉘어 있습니다. 봄의 설렘, 여름의 뜨거움, 가을의 성숙, 겨울의 추위와 시련… 그러나 그 추위 속에서도 다시금 꽃을 피울 봄을 기다리는 마음이 있지요. 계절이 지나가듯 사랑도 흘러갑니다. 계절이 돌아오듯 사랑도 다시 찾아옵니다. 돌고 도는 계절은 마치 우리에게 사랑을 시작하고, 아파하고, 다시 사랑하라고 가르쳐 주는 듯합니다. 계절이 끝없이 오고 가듯, 우리도 사는 동안 쉼 없이 사랑하고 사랑을 배워야 합니다.

　반드시 순서대로 읽을 필요는 없습니다. 마음이 가는 부분부터, 혹은 지금 자신의 사랑이 머물고 있는 계절부터 읽어도 좋습니다. 각 명언에 대해 제가 설명한 부분은 저의 주관적인 견해이니 참고 자료로 삼아 자신의 생각을 정리해 보시면 좋겠습니다. 철학자들이 말한 사랑의 레시피를 곱씹고 되새기면서 여러분의 사랑을 완성하시기 바랍니다.

차례

봄처럼 새롭게 시작되는 사랑의 설렘이 담긴 말들. 괴테는 사랑이 있는 곳에 기쁨이 있다고 말하고, 콩트 스퐁빌은 기다리지만 말고 사랑을 시작하라고 부추긴다. 이 외에도 사랑을 시작하는 이들에게 필요한 지혜를 주는 말들. 사랑하는 사람에게 들려주고 싶은 달콤한 말들이 담겨 있다.

사랑의 봄

...

햇살보다 찬란하고 꽃보다 아름다운

Spring of Love 001
사랑하는 것 자체가 행복이다

지혜가 깊은 사람은 자기에게 무슨 이익이 있어서 사랑
하는 것이 아니다. 사랑한다는 그 자체에서 행복을 느낄
수 있기 때문에 사랑하는 것이다.
_블레즈 파스칼

🍂　　　17세기 프랑스 철학자 블레즈 파스칼(Blaise Pascal, 1623~
1662)의 명언입니다. 이해관계가 아니라 사랑 자체에 행복을 느
끼기 때문에, 사랑한다는 것은 사랑을 현대의 물질적 욕망의 하
나로 간주하는 우리에게 참으로 중요한 교훈입니다. 파스칼은
"인간은 생각하는 갈대다"라고 했지만 "인간은 사랑하는 갈대다"
라는 말도 가능할 것입니다.

Spring of Love 002

사랑이 있는 곳에 기쁨이 있다

사랑하는 것이 인생이다. 기쁨이 있는 곳에서 사람과 사
람 사이의 결합이 이루어진다. 사람과 사람 사이의 결합
이 있는 곳에 또한 기쁨이 있다.
_요한 볼프강 폰 괴테

🐾　　　18~19세기 독일의 위대한 시인 요한 볼프강 폰 괴테
(Johann Wolfgang von Goethe, 1749~1832)는 평생 사랑과 함께 살았던
만큼 사랑에 대한 주옥같은 명언을 남겼습니다.
사랑은 기쁨이고 환희이고 희망입니다. 물론 슬픔과 아픔과 절
망도 있습니다. 그러나 그것은 기쁨과 희망의 반면에 불과합니
다. 그것이 우리의 인생입니다. 그러니 처음부터 사랑을 두려워
하지 마십시오. 사랑이 있는 삶이야말로 가장 인간적인 삶입니
다. 소크라테스나 플라톤처럼 괴테도 사랑하는 대상과의 결합
속에서 삶의 기쁨을 찾고 있습니다. 그리고 "사랑은 사랑하는 자
를 찾아간다"는 괴테의 말도 잊어서는 안 됩니다. 사랑은 주체적
인 행동입니다. 스스로 사랑하지 않는 자에게는 사랑이 찾아가
지 않습니다.

두 사람이 하나가 되는 천국

사랑이란 두 사람이 일체가 되는 것이며, 한 남자와 한 여
자가 한 천사가 되어 융합하는 것이다. 그것은 천국이다.
_빅토르 위고

🐚　　《레미제라블》을 쓴 19세기 프랑스 소설가 빅토르 마리
위고(Victor-Marie Hugo, 1802~1885)는 "참된 사랑의 최초의 특징은
남성의 경우에는 겁쟁이가 되고, 여성의 경우에는 대담해지는
것이다"라고 했습니다. 또한 "하느님이 남자가 되었다면 악마는
여자가 되었다"라고도 했습니다. 빅토르 위고가 신은 남자이고
악마는 여자라는 남녀 차별적인 말을 했다니 놀랍습니다. 그러나
그의 소설에는 악마 같은 남자도 신 같은 여자도 등장합니다.

알지 못하지만 끌리는 것

내가 전혀 모르면서도 호기심을 느끼는 것은 음악, 시, 사랑이다.

_베르나르 퐁트넬

🐌　　　17세기 프랑스의 시인 베르나르 르 보비에 시외르 드 퐁트넬(Bernard Le Bovier Sieur de Fontenelle, 1657~1757)은 계몽주의의 선구자로서 인간의 자연스러운 감정의 발로를 중시했습니다. 어린아이라도 아름다운 음악과 시에 감동하듯이 사랑에 대한 지식이 없어도 누구나 호기심을 느끼는 것이 사랑 아닐까요? 그는 "행복에 대한 기대가 너무 크면 행복해지기 어렵다"라는 명언을 남겼습니다.

사랑은 설명되지 않는다

사랑은 끝없는 신비다. 아무것도 사랑을 설명할 수 없기
때문이다.
_라빈드라나트 타고르

🐾　　　20세기 인도의 시인 라빈드라나트 타고르(Rabīndranāth
Tagore, 1861~1941)가 한 말을 빌리지 않더라도 사랑에 대해 누구
도 설명할 수 없는 신비감을 느낀 경험이 있을 것입니다. 사실 그
의 말처럼 사랑을 무엇이라고 설명할 수는 없습니다. 만일 그렇
게 설명할 수 있다면, 그래서 그 실체를 분명히 알 수 있다면 인
류가 수만 년을 두고 사랑 때문에 기뻐하고 괴로워하지는 않았겠
지요.

Spring of Love 006
사랑은 최고의 힐링

사랑은 사람을 치유한다. 주는 사람도, 받는 사람도 모두.
_칼 메닝거

🐾 　　미국의 저명한 심리학자 칼 메닝거(Karl Menninger, 1893~
1990)는 사랑이 사랑하는 사람 모두를 치유한다고 말합니다. 메
닝거는 영어의 행복이라는 단어 happiness가 옳은 일이 자신 속
에 일어난다는 뜻을 가진 happen에서 나온 말이듯이, 행복이란
우연히 외부에서 찾아온 운명의 힘이 아니라 자신의 노력에 의해
생긴 성과라고 말했습니다. 사랑도 우연의 운명이 아니라 노력
에 의한 필연입니다. 그래서 사랑하는 사람들 모두를 치유하는
위대한 힘을 가지고 있습니다. 사랑은 최고의 힐링입니다.

Spring of Love 007

사랑은 인간의 품격이다

사랑이야말로 인간의 비밀이고 모든 사고와 행동의 비밀
이며 인간의 가장 기본적인 힘이다. 또한 인간이 인간으
로서 지녀야 할 예의나 염치 같은 것이 있다면 그건 바로
사랑하는 것이며, 그것이 바로 인간의 품격이다.

_루트비히 포이어바흐

19세기 독일의 철학자 루트비히 포이어바흐(Ludwig
Feuerbach, 1804~1872)는 사랑이야말로 나와 너의 통일을 가능하게
해 주는 중요한 감정이라고 주장했습니다. 그는 "사랑이란 무엇
인가? 사고와 존재가 하나로 되는 것"이라고 했습니다.

사랑은 우리를 해방시킨다

삶의 모든 무게와 고통으로부터 우리를 자유롭게 하는
하나의 단어, 그것은 사랑이다.

_소포클레스

🌸　　　고대 그리스의 희극 작가 소포클레스(Sophocles, 기원전
496~기원전 406)는 당대 3대 비극 작가 중 한 사람으로, 오이디푸
스 콤플렉스라는 말을 낳은 《오이디푸스 왕》을 비롯한 많은 비극
을 썼습니다. 약 2,500년 전에 살았던 소포클레스는 사랑이야말
로 유일한 힐링이라고 말합니다. 그러므로 인류 역사에서 사랑
은 가장 고귀하고 위대한 힐링입니다.

비극을 통해 인간의 고통을 성찰한 소포클레스는 우리를 고통으
로부터 해방시키는 유일한 방법이 사랑이라고 합니다. 우리는
사랑 속에서만 자유로울 수 있습니다. 그러나 자유는 방종이 아
니라 책임을 수반하는 것입니다. 사랑에도 책임이 따릅니다.

즐거운 노예

사랑이란 즐겁게 느껴지는 유일한 노예 상태다.

_조지 버나드 쇼

1925년 노벨문학상을 받은 아일랜드의 극작가 조지 버나드 쇼(George Bernard Shaw, 1856~1950)는 그의 희곡을 영화화한 〈마이 페어 레이디〉에서 보듯이 풍자와 기지 넘치는 명언을 많이 남겨 이 책에도 자주 등장합니다. 사랑이란 노예 상태이지만 즐겁다고 한 것은 풍자입니다. 그는 "사랑이란 한 사람과 다른 사람의 차이를 터무니없이 과장하는 것"이라고 빈정대며 사랑은 덧없는 환상이라고 말하기도 했습니다.

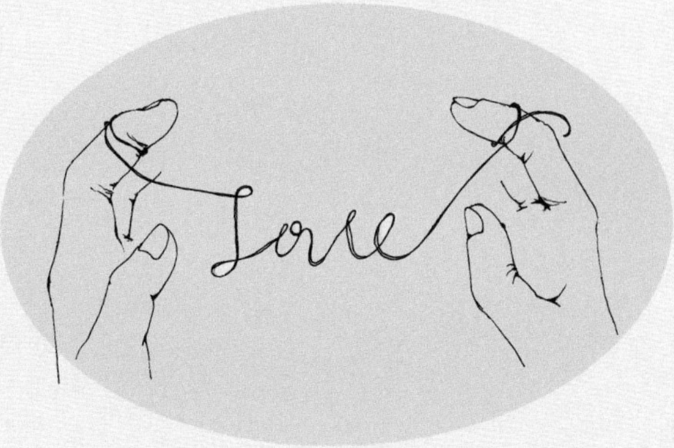
Love

사랑 앞에 무릎 꿇어라

사랑은 모든 것을 이긴다. 우리도 사랑에 굴복하자.

_푸블리우스 베르길리우스 마로

고대 로마 시인 푸블리우스 베르길리우스 마로(Publius Vergilius Maro, 기원전 70~기원전 19)는 트로이 전쟁을 다룬 호메로스의 《일리아스》의 속편 격인 《아이네이스》의 작가로도 유명하지만, 전쟁이라는 극단적인 상황에서도 사랑의 힘이 위대함을 강조합니다. 그처럼 모든 어려움을 극복한 위대한 사랑 이야기는 수많은 전쟁 영화에서도 볼 수 있습니다. 그런 이야기들을 통해 우리는 현실을 초월하는 사랑의 힘을 확인하고 그것을 우리 자신의 것으로 삼기 위해 노력해야 합니다. 그리고 그는 "매력 넘치는 얼굴을 너무 믿지 마라. 아름다움은 곧 사라지는 매력이다"라고 하며 사랑이 매력에 좌우되는 것을 경계하기도 했습니다.

Saying of Love 011

두려움 없는 상태가 사랑이다

사랑은 두려움이 전혀 없는 상태를 말한다. 사랑은 아무
질문도 없다. 사랑은 자연스럽게 퍼지고 커 가는 것으로
비교하고 측정하는 대상이 아니다. 사랑이야말로 가치
있는 것이며, 두려움은 우리에게 아무것도 가져다주지
않는 '무'에 지나지 않는다.
_제럴드 G. 잼폴스키

🐌　　　미국의 저명한 정신 의학자 제럴드 G. 잼폴스키(Gerald
G. Jampolsky, 1925~)의 저서 《사랑 수업》에 나오는 구절입니다. 그
는 인간에게는 단 두 가지 감정, '사랑'과 '두려움'이 존재한다고
말합니다. 사랑은 우리가 본래 가지고 태어난 감정이며, 두려움
은 살아오면서 형성된 가치관, 여론 등 인간의 머리로 만들어 낸
것을 말합니다.
그는 우리가 원하는 삶을 방해하는 유일한 방해물은 우리 자신의
마음이 스스로 만들어 내고 규정짓는 한계라고 합니다. 또한 우
리의 마음이 만들어 낸 허상 때문에 우리가 원하는 인생을 살지
못해 괴로워하고 스스로를 괴롭힌다고 말합니다. 그리고 우리
자신과 타인을 머릿속으로 만든 한계에 가두지 않고 자유로워질
때 우리의 진짜 모습, 사랑을 찾을 수 있다고 합니다.

백인백색의 사랑

이 세상에는 인간들의 수만큼 사랑의 종류가 있다. 사람
은 각각 자신의 성격, 자신의 상상력에 맞는 사랑의 방식
을 갖기 때문이다. 그리고 머리에서 나오는 것이 아니라
마음에서 나오는 사랑은 모두 진실하고 아름답다.

_비사리온 벨린스키

제정 러시아의 문학 평론가 비사리온 그리고리예비치
벨린스키(Vissarion Grigorievich Belinsky, 1811~1848)의 《현대 독본》에
나오는 말입니다. 그는 머리가 아니라 마음에서 우러나오는 사
랑은 모두 진실하다고 말합니다.

숨길 수 없는 마음

연심은 숨기려고 하면 바로 드러나고 만다.

_러시아 속담

🌰　　　연심(戀心), 연정(戀情), 연모(戀慕)란 남녀가 사랑하여 그
리워하는 애틋한 마음을 말합니다. 참 아름다운 말들인데 요즘
에는 잘 쓰이지 않아 유감입니다. 마치 그런 마음을 잊은 듯이 말
입니다. 정말 그렇다면 얼마나 슬픈 일인가요? 그러나 사람이라
면 누구에게나 연심과 연모, 연정이 있기 마련입니다. 그것은 어
떤 마음보다 아름답고 소중하며 인간적입니다.

Spring of Love 014

사랑에는 약이 없다

연심을 억누르는 묘약은 없다.
무엇을 마셔도 무엇을 먹어도 효과가 없고 주문을 읊어
도 소용없다.
입 맞추고 포옹하며 옷을 벗고 함께 잠드는 것 외에는.
_롱고스

🕯 　2~3세기경 고대 그리스에서 살았던 롱고스(Longos)가
쓴 역사상 최초의 목가적 산문 로맨스이며 그리스 연애 소설 중
가장 인기 있는 작품의 하나인 《다프니스와 클로에》에 나오는 글
입니다. 어린 시절의 순수하고 얼떨떨한 감정이 성숙된 성적 관
계로 발전해 가는 과정을 보여 주는 이 작품은 지금도 우리에게
공감을 주는 걸작입니다. 19세기 프랑스 화가 프랑수아 제라르
(François Gérard)가 그린 동명의 그림이 루브르 박물관에 있고, 모
리스 조제프 라벨(Maurice Joseph Ravel)이 작곡한 동명의 오페라도
있습니다.

사랑은 모든 것을 집중시킨다

연심이 싹트면 다른 모든 충동이 결집되어 오로지 연심
에 모아진다.

_베르나르 드 클레르보

🐚　　　프랑스의 신비 사상가이자 수도사인 베르나르 드 클레
르보(Bernard de Clairvaux, 1090~1153)의 〈아가 설교〉에 나오는 말입
니다. 〈아가 설교〉 시리즈는 우리말로도 번역되어 있습니다. 〈아
가〉는 구약 성경 가운데 하나로 인간적 사랑의 기쁨과 선함, 그
리고 이러한 사랑에서 우러나오는 내적인 만족감과 하느님의 피
조물과의 조화를 노래합니다. 그중에는 "사랑은 죽음처럼 강한
것, 시샘은 저승처럼 극성스러운 것"(아가 8:6)이라는 말도 있습니
다. 사랑을 하면 모든 것이 그것에 집중됨을 중세의 수도자도 알
았다니, 지금의 우리와 너무나도 같은 마음이어서 놀랍습니다.

사랑하기로 선택하다

사랑이란 자기 자신과 상대방의 정신적 성장을 위해 자
신의 자아를 확대하려는 의지이다. 사랑은 하는 것이다.
사랑은 의지의 행위, 즉 의지이면서 행위이다. 의지에는
선택이 따른다. 우리가 반드시 사랑을 해야 하는 것은 아
니다. 우리는 사랑하기로 선택한다.

_모건 스콧 펙

미국의 정신과 의사인 모건 스콧 펙(Morgan Scott Peck,
1936~2005)의 《아직도 가야 할 길》에 나오는 말입니다. 스콧 펙은
사랑을 '자신과 상대의 정신적 성장을 위해 자아 영역을 확대하
려는 의지'라고 정의합니다. 미국의 저명한 페미니스트 벨 훅스
(Bel Hooks)는 이를 두고 사랑에 대한 가장 의미 있는 정의라고 말
했습니다. 이 정의는 사랑은 인간에게 본능적이라는 생각을 거
부하고 성숙을 위한 선택적 행위라고 말합니다. 이 정의에 따르
면, 욕하고 상처를 주면서 사랑한다고 할 수는 없음이 분명합니
다. 사랑은 폭력이나 무시나 학대와는 공존할 수 없습니다. 따라
서 '사랑의 매'라는 말은 있을 수 없습니다. 이것은 사랑이란 정의
로워야 함을 뜻하기도 합니다. 사랑은 단지 아름답거나 황홀한
것이 아니라 옳고 정의로우며 진실한 것이어야 합니다.

주체적인 사랑

행복과 사랑도 하나의 선택에서 이루어질 뿐이다.
_레오 버스카글리아

🐾   사랑에 대한 명강의로 유명한 미국의 교육학자 레오
버스카글리아(Leo Buscaglia, 1924~1998)의 말입니다. 그는 또한 "사
랑하는 일은 사랑을 돌려받지 못할 위험을 무릅쓰는 일"이라는
말도 했습니다. 사랑은 주체적이고 주도적이며 주관적인 결단에
의해 이루어지는 행위입니다. 따라서 사랑만큼 자신에게 충실한
행위도 없습니다. 우리는 흔히 상대가 매력적이어서 관심이 간
다고 말하지만 그것은 참된 사랑이 아닙니다. 도리어 상대에게
마음을 열고 관심을 가져야 상대를 사랑하는 마음이 생기는 것입
니다. 결국 사랑은 자신의 문제이지 상대방의 문제가 아닙니다.
그렇다고 사랑이 주관적인 자아도취나 자기 환상이라는 말은 아
닙니다.

그리고 사랑의 반의어는 증오가 아니라 무관심이라고 합니다.
무관심은 남에게 뭔가를 주는 일이 절대로 없기 때문입니다. 차
라리 누구를 증오한다면 그 사람에 대해 어떤 다른 감정이 생기
거나 생각을 바꾸어 더 이상 미워하지 않게 될 수도 있습니다.

세상을 바꾸고 싶다면

사랑, 사랑, 사랑, 그것은 천재의 영혼이다.

_볼프강 아마데우스 모차르트

🐌　　　오스트리아의 작곡가 볼프강 아마데우스 모차르트 (Wolfgang Amadeus Mozart, 1756~1791)의 전기를 다룬 영화 〈아마데우스〉에는 그의 순수한 사랑 이야기가 나옵니다. 천재의 영혼이 사랑이라는 것을 잘 묘사했지요. 그러나 사랑이 어떻게 천재의 영혼만일까요? 보통 사람인 우리 모두의 영혼 아닐까요? 그렇게 우리 모두가 사랑한다면 이 세상은 더 아름답고 순수하게 변하지 않을까요? 사랑하는 사람은 남들을 감동시켜 그들도 사랑하게 만듭니다. 그렇기에 모두들 먼저 사랑하라고 권합니다. 세상을 변하게 하라는 것입니다. 사랑만이 세상을 바꿀 수 있습니다.

과감하게 사랑하라

모든 종류의 조심성 가운데 사랑할 때 취하는 조심성이
참된 행복에 아마도 가장 치명적일 것이다.
_버트런드 러셀

    20세기 영국이 낳은 위대한 철학자 버트런드 아서 윌
리엄 러셀(Bertrand Arthur William Russell, 1872~1970)은 진리의 추구
와 함께 사랑을 추구한 사람으로도 유명합니다. 과감하게 사랑
하라는 그의 말은 언제나 사랑에 소심한 우리에게 용기를 줍니
다. 러셀은 우리에게 언제나 사랑에 당당하고 사랑의 변화를 두
려워하지 말기를 충고하는 것 아닐까요? 그는 "행복을 가져다주
는 애정은 사람들을 관찰하여 상대를 장악하거나 상대에게 찬사
를 구하지 않으면서 즐거움을 주고자 하는 애정이다"라는 말을
남겼습니다.

지금 여기서 사랑하라

항상 희망하기만 하고 현재를 사랑하지 않는다면 우리는
결국 불행해질 수밖에 없다. 기다리기를 멈추고 사랑을
시작하지 않으면 행복해질 수 없다. 우리는 지금 여기서,
자신이 하는 일, 자신의 본래 모습, 자신의 삶을 사랑할
때 행복할 수 있다.
_앙드레 콩트 스퐁빌

    프랑스의 현대 철학자 앙드레 콩트 스퐁빌(André Comte
-Sponville, 1952~)은 20세기 철학자 중 사랑에 대한 최고의 철학
자로 꼽힙니다. 우리는 항상 미래에 대한 희망을 가지고 살아야
하지만, 그것은 어디까지나 현재에 대한 사랑 위에서 이루어져
야 의미가 있습니다. 또한 자신을 사랑하지 않는 사람은 남을 사
랑할 수 없습니다. 자신이 어떤 사람이고 어떤 일을 하든 자신을
사랑해야만 남을 사랑할 수 있습니다. 자신을 사랑하는 사람에
게만 남의 사랑도 찾아옵니다. 나 자신도 나를 사랑하지 않는데
남이 나를 사랑할 리 없습니다.

아마추어가 프로보다 낫다

아마추어가 프로보다 잘하는, 이 세상에서 유일한 재주
가 사랑이다.

_카를하인츠 데슈너

독일의 수필가인 카를하인츠 데슈너(Karlheinz Deschner,
1924~)가 《싱싱한 놈만이 흐름을 거슬러 헤엄친다》에서 한 말입
니다. 그는 사랑을 처음 하는 사람이나 사랑을 하기 어려운 사람
에게 용기를 줍니다. 그러나 독일에서라면 몰라도 요즘 한국에
서도 그 말이 통할까요? 여하튼 중요한 것은 마음이고 진심이라
는 점입니다.

사랑은 사랑함으로써 배울 수 있다

비밀 공식이나 법칙이란 존재하지 않는다. 우리는 사랑
함으로써 배울 뿐이다. 관심을 쏟고, 또 그렇게 해서 발
견한, 꼭 해야 할 일들을 실천함으로써 말이다.

_올더스 헉슬리

🐌　20세기 영국의 소설가 올더스 레너드 헉슬리(Aldous
Leonard Huxley, 1894~1963)는 영국인답게 "경험은 우리에게 발생한
일이 아니라, 그 일에 대처하는 우리의 행동을 의미한다"라는 말
을 한 사람으로 유명합니다. 타고르와 달리 사랑에 법칙이나 비
밀 같은 것은 없고 사랑을 경험함으로써만 사랑을 배울 수 있다
는 말도 그런 원리에서 나온 것입니다. 그러나 그 경험이란 상대
방에게 무조건 대시하는 것이 아니라 상대에 대한 관심과 사랑을
가지고 실천하는 것이라는 그의 말에 귀를 기울여야 합니다. 사
랑은 관심입니다. 따라서 사랑은 무관심과 반대되는 것입니다.

구애하거나 지배받거나

여자에게 구애하지 못하는 남자는 그에게 구애하는 여자
에게 장악되기 쉽다.

_월터 배젓

🐚　　19세기 영국의 자유주의 경제학자 월터 배젓(Walter
Bagehot, 1826~1877)은 사랑에 주도적이지 못한 남성은 주도적인
여성에게 지배받기 쉽다고 말합니다. 21세기 한국에서도 마찬가
지일까요? 만일 그렇다면 남녀 모두 적극적인 것이 더 좋지 않을
까요?

엿보지 말고 당당하게

아름다운 이성을 보는 것은 즐거운 일이다. 그 얼굴을 보
고 싶거든 정면으로 당당하게 보고 옆에서 엿보지 마라.
_안창호

🍵　　　　일제강점기의 독립운동가인 안창호(安昌浩, 1878~1938)
선생이 당당한 사랑을 주장한 것은 흥미롭습니다. 지금으로부터
100년도 더 전인 1895년 시골에서 열일곱 살의 나이로 결혼한
그가 이러한 연애관을 가지고 있었다니 놀랍지 않은가요?

지금 사랑한다고 말하기

당신은 사랑한다는 말을 어떤 식으로 합니까?
나는 자주, 그리고 크게 말합니다.
_레오 버스카글리아

🍂　　　　사랑은 표현에 의해 성립합니다. 그러니 마음속에 넣어 두지 말고 언제나 당당하게 사랑을 표현해야 합니다. 버스카글리아는 "누군가에게 사랑한다는 말을 하고 싶다면 내일로 미루지 말라"고 합니다. 또 "그 누구도 살아서는 이 세상을 빠져나갈 수 없다. 따라서 바로 지금 이 순간이 우리가 살고, 보살피고, 나누고, 축하하고, 사랑해야 할 시간이다"라고 말합니다. 바로 지금, 큰 소리로, 자주 사랑한다고 말하는 것입니다. 표현하지 않으면 사랑은 전달되지 않습니다.
버스카글리아는 "처음으로 누군가를 사랑할 때 그를 사랑하게 된 이유를 모두 써 놓아라. 그리고 사랑이 힘겨울 때마다 그것을 꺼내 다시 읽어 보라. 그러면 순식간에 모든 문제가 해결되는 놀라운 경험을 하게 될 것이다"라고 말합니다.

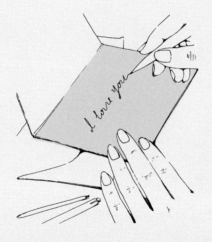

Saying of Love 026

먼저 반하면 사랑을 얻기 힘든 이유

여자에게 정말 반한 남자는 그녀 앞에서 갈팡질팡하며
어색해한다. 그래서 대부분의 경우, 그녀에게 호감을 주지
못하게 된다.

_이마누엘 칸트

독일 철학자 이마누엘 칸트(Immanuel Kant, 1724~1804)의
《인간학》에 나오는 말입니다. 평생 독신으로 지낸 그는 그런 경
우를 안타깝게 생각했을까요? 그는 어떤 여인의 청혼을 받자 도
서관에 가서 결혼에 대해 깊이 연구한 뒤 그 여인을 찾아가 결혼
하겠다고 말했지만, 이미 그녀는 두 아이의 어머니가 되어 있었
습니다. 사랑은 이론으로 하는 것이 아니라 마음으로 하는 것임
을 철학자는 잘 몰랐나 봅니다.

예쁜 다리보다 더 끌리는 것

보통 남자는 멋진 다리를 가진 여자보다 자기에게 관심
이 있는 여자에게 더욱 흥미를 느낀다.
_마를레네 디트리히

독일 태생의 미국 여자 배우 마를레네 디트리히(Marlene
Dietrich, 1901~1992)는 이 세상에서 가장 아름다운 각선미를 가진
여성으로 유명합니다. 그런 그녀가 자기와 같은 미녀보다는 오
로지 자기에게 관심을 갖는 여성에게 남성이 흥미를 느낀다고 말
한 것은 경험에서 나온 얘기인지도 모릅니다.

사랑하고 싶다면 경청하라

사랑의 첫째 의무는 귀를 기울이는 것이다.

_폴 틸리히

20세기 신학자 폴 요하네스 틸리히(Paul Johannes Tillich, 1886~1965)가 사랑의 제1요건으로 상대방의 이야기 경청하기를 든 것은 가슴에 새길 필요가 있습니다. 자신의 이야기를 하기보다 상대방의 이야기를 열심히 들어 주어야만 상대를 이해하고 사랑할 수 있기 때문입니다. 상대방뿐 아니라 우리 자신과 신이나 자연에 귀 기울이는 법을 배워야만 비로소 깊이 있게 소통할 수 있습니다.

경건한 침묵은 마음을 치유하고 국민을 치유하는 강력한 도구입니다. 그런 다음 진정한 마음을 주고받음으로써 서로 치유하고 치유받을 수 있는 능력이 생깁니다. 틸리히는 "사랑은 생명의 피며 분리된 것을 다시 결합하는 힘이다"라고 말합니다. 즉 사랑이 생명의 근원이고 단절된 마음을 연결하는 위대한 힘이라고 강조한 것입니다. 사랑이 있기 때문에 새로운 생명을 얻는 부활이 가능합니다.

사랑은 나를 진화시킨다

자신을 사랑하지 못하면 남도 사랑할 수 없다.
_모건 스콧 펙

 🥄   모건 스콧 펙은 "사랑의 행위가 타인의 성장을 목적으로 할 때도, 그것은 자신을 진화시켜 나가는 과정이라고 할 수 있다"라고 말합니다. 또한 "자신을 사랑하고 남을 사랑하는 것은 서로 관련돼 있을 뿐만 아니라 궁극적으로 그 둘은 구별할 수 없다"라고 말합니다. 사랑에 대한 철학은, 사랑이라는 말에 대한 올바른 '정의'를 내리는 것에서부터 시작되어야 합니다. 이것이 사랑을 향해 떠나는 여행에서 우리를 안내해 줄 지도가 되어 줄 것입니다. 스콧 펙만큼 사랑에 대해서 훌륭한 정의를 내린 사람은 없다고 생각합니다.

대상이 없는 사랑은 없다

사랑 그 자체는 존재하지 않는다. 항상 누군가에 대한 사
랑, 또는 무엇인가에 대한 사랑만이 존재한다.
_소크라테스

🔔　　　고대 그리스의 철학자 소크라테스(Socrates, 기원전 470?~
기원전 399)는 사랑에 대한 최초의 철학자라고 할 수 있습니다. 사
랑만이 아니라 모든 것에 대한 최초의 철학자라고 할 수 있는 그
는 사랑이란 자신이 갖지 못한 것을 남에게 바라는 동경이라고
말합니다. 따라서 사랑에는 긴장감이 넘치고, 또 반드시 그래야
만 합니다. 왜냐하면 원하는 것을 가졌다고 믿는 순간 긴장이 풀
리면서 동경도 사라지기 때문입니다. 이 말은 플라톤이 《향연》에
서 소크라테스의 말이라고 서술했지만 정말 소크라테스가 그런
말을 했는지 분명하지 않아, 플라톤의 말이라고 하기도 합니다.

우리는 결핍된 것을 사랑한다

사랑이란 완전함에 대한 욕망이고 추구이다.
_플라톤

🐾　　　고대 그리스의 철학자 플라톤(Platon, 기원전 428~기원전 348)이 소크라테스 대화편의 하나인 《향연》에서 내린 사랑에 대한 이 정의는 사랑에 대한 철학적 정의의 최고봉이라고 합니다. 이는 "자신이 소유하지 못한 것, 자신이 되지 못한 것, 자신에게 결핍된 것, 이것이 바로 욕망과 사랑의 대상"이라는 뜻입니다. 플라톤은 소크라테스를 통해 사랑은 근본적으로 결핍이고, 그 결핍이 채워지는 순간 사랑의 불꽃은 꺼진다고 말합니다. 결핍은 욕망을 불러일으키고 만족은 욕망을 사라지게 만든다는 것입니다. 그래서 플라톤은 사랑의 대상이 곁에 없어도 영원히 지속되는 사랑을 말합니다.

그러나 우리는 사랑하는 사람이 곁에 없거나 사랑을 거부당하면 고통스러워합니다. 반면 사랑하는 사람이 항상 곁에 있으면 무관심과 습관, 권태로 고통을 느낍니다. 따라서 상대가 없는 경우에 진정으로 사랑할 수 있게 된다는 역설이 생겨납니다. 그래도 상대가 있는 것이 더 낫지 않을까요?

기술보다 감정

사랑에서 감정보다 테크닉이 중시되면 남성은 사랑의 엔지니어로 타락한다. 지금은 엔지니어가 너무 많고 시인이 너무 적다.

_잔 모로

프랑스를 대표하는 지적인 여배우 잔 모로(Jeanne Moreau, 1928~)는 사랑의 기술은 넘쳐나지만 진정한 사랑의 감성이 없다고 개탄합니다. 그녀는 "나이가 들어도 사랑을 막을 수는 없어요. 하지만 사랑은 노화를 어느 정도 막을 수 있죠"라고 했는데, 이는 남녀 모두에게 통하는 말입니다.

Saying of Love 033
사랑은 의욕만으로 할 수 없다

사랑은 감성에 속하는 것이지 의욕에 속하는 것이 아니
다. 따라서 사랑을 욕구한다고 해서 사랑받는 것이 아니
다. 하물며 사랑받아야 한다고 생각해서 사랑받는 것 또
한 아니다.
_이마누엘 칸트

🐾 　　칸트의 《인간학》에 실린 글입니다. 근대 철학의 최고봉
으로 일컬어지는 19세기 독일 철학자 칸트가 보편적 도덕 법칙
을 확립한 이유는 152센티미터의 작은 키 때문에 부당한 대우를
받았기 때문이라는 말이 있습니다. 사실인지 아닌지는 몰라도
그가 평생 결혼하지 않고 독신으로 살았다는 것은 분명한 사실입
니다.

Arias of Love 034

사랑은 명령을 듣지 않는다

사람을 사랑하는 것이 불가능한 것은 아니다. 그러나 사
랑은 명령을 받지 않는다. 명령을 받고 어떤 사람을 사랑
하는 일은 인간의 능력 밖의 일이다.

_이마누엘 칸트

🐚 　　이마누엘 칸트의 《실천이성비판》에 실린 말입니다. 칸
트는 "강제로 하는 일에는 사랑이 생기지 않는다"라고 하여 사랑
의 자발성을 강조합니다. 사랑은 강제로는 안 됩니다. 사랑은 명
령이 아닙니다. 칸트는 "욕망을 만족시키려는 것을 거절하라. 그
렇다고 모든 욕망의 만족을 부정하는 스토아학파처럼 하라는 것
은 아니다. 모든 욕망 앞에서 한 걸음 물러나 인생의 관능적인 반
면을 제거할 힘을 가지라는 것이다. 무엇보다 오락의 자리에서
즐겨 노는 것을 절제하라. 향락을 절제하면 그대는 그만큼 풍부
해질 것이다"라고 하여 사랑의 절제를 강조합니다.

사랑은 상대방 안에서 나를 찾는 것

사랑의 첫째 계기는 내가 나만의 독립적 인격이고자 하지 않는 것, 둘째 계기는 내가 다른 한 사람의 인격 속에서 나 자신을 획득한다는 것이다.
_게오르크 헤겔

🍃 　19세기 독일의 철학자 게오르크 빌헬름 프리드리히 헤겔(Georg Wilhelm Friedrich Hegel, 1770~1831)은 난해한 철학자로 알려져 있습니다. 그는 결혼과 가족의 사랑을 객관적으로 정당한 사랑이라고 하여 보수적인 견해를 보입니다. 나아가 사랑을 대립물의 통일, 가령 무한자와 유한자의 모순이 포괄되고 종합되는 통일체로서 정신의 원형으로 보고, 사랑을 '정신'으로 표현하기도 했습니다.

사랑할 때는 누구나 견습생이다

한 사람이 다른 사람을 사랑한다는 것, 그것은 아마 무엇
보다 어려운 일이고 가장 궁극적인 최후의 시험일 것이
다. 다른 모든 일들은 이 일을 위한 준비 작업에 지나지
않는다. 우리는 사랑할 때 우리가 서툴기 그지없는 인생
초보자이며, 사랑 견습생이고, 사랑을 배워야 한다는 점
을 잊어서는 안 된다.

_라이너 마리아 릴케

🐚　　20세기 최고의 시인 라이너 마리아 릴케(Rainer Maria
Rilke, 1875~1926)는 "두 개의 고독이 서로를 보호하고 감동시키고
기쁨으로 맞이하는 것, 이것이 바로 사랑이다"라고 말합니다. 그
리고 "사랑에 빠질수록 혼자가 되어라", "사랑이란 두 개의 고독
한 영혼이 서로 지키고, 접촉하고, 기쁨을 나누는 데 있다"라고
말합니다. 그러나 가장 중요한 말은 "사랑을 받기만 하는 인생은
아무런 쓸모가 없는 것이고 위험이다. 될 수 있으면 자신을 극복
하고 사랑하는 사람이 되고 싶다"라는 것입니다.

부와 사랑

여자들은 남자가 부자라면 야만인이라도 마음에 들어 한
다. 지금은 참으로 황금시대이다. 황금을 주면 가장 높은
명예도 사랑도 얻는다.
_푸블리우스 나소 오비디우스

고대 로마의 시인 푸블리우스 나소 오비디우스(Publius
Naso Ovidius, 기원전 43~기원후 17)는 《변신 이야기》로 유명하지만
《사랑의 기술》이라는 책도 남겼습니다. 20세기 심리학자 에리
히 프롬의 《사랑의 기술》이 철학적인 책인 반면, 오비디우스의
《사랑의 기술》은 제목 그대로 사랑을 어떻게 하면 잘할 수 있는
지 여러 가지 기술을 가르쳐 주는 '작업의 정석' 같은 실용적인 책
입니다. 1세기 고대 로마의 시인이 돈으로 사는 사랑을 말한 것
은 그 당시 널리 퍼진 그런 풍조를 경멸해서일 것입니다. 그러나
2,000년이 지난 지금 우리의 사랑이 돈과 무관하다고 얘기할 수
있을까요?

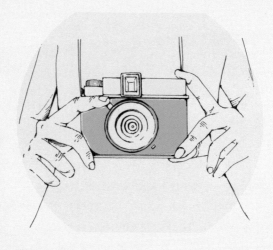

지금 모습 그대로

사랑받기를 원하십니까? 그러시다면
지금 걷는 오솔길에서 마음 팔지 마십시오.
모든 면에서 지금의 그대 그 모습 지녀
나 이외의 것이 되려고 생각하지 마십시오.
그러시면 그대의 그 멋진 모습과
아름다움을 초월한 그대의 아름다움은
세상 사람들의 한없는 칭찬이 될 것입니다.
그리고 사랑은 의무처럼 따르게 마련입니다.

_에드거 앨런 포

🐚　　　19세기 미국의 시인이자 소설가 에드거 앨런 포(Edgar
Allan Poe, 1809~1849)의 시 〈F—s S. O—d에게〉에 나오는 말입니다.
그는 자기 모습 그대로 있는 것이 사랑을 받는 조건이라고 노래
합니다. 그는 "날 사랑하고 내 사랑을 받는 일밖엔/소녀는 아무
다른 생각이 없었네"라는 〈애너벨 리〉와 같은 아름다운 시를 남
겼습니다.

사랑을 얻는 기술

행복과 사랑은 용감한 자의 것이다. 사랑에 빠진 척하며
가슴에 깊은 상처를 안고 있는 것처럼 이야기하라. 또 무
슨 수를 쓰더라도 상대방이 네 말을 믿게 하라. 머리끝에
서 발끝까지 끊임없이 칭찬하라. 또 약속할 때면 신이든
부모님이든 아무나 증인으로 내세워라.

_푸블리우스 나소 오비디우스

오비디우스의 《사랑의 기술》이라는 책에 나오는 말입
니다. 그는 "정복은 우연히 이루어질 수 있지만, 손에 넣은 여자
를 지키는 데는 기술이 필요하다"라고 합니다. 그 기술의 하나가
"사랑은 부드러운 말로 길러야만 하는 것"입니다. 그는 "사랑이 요
구하는 것을 하나라도 경멸하면 안전하지 못하다"라고 말합니다.

사랑받는 사람이 되는 가장 좋은 방법

인간이 인간일 때, 그리고 세계에 대한 인간의 관계가 인
간적일 때, 당신은 사랑을 오직 사랑과, 신뢰를 오직 신
뢰와 교환할 수 있다. 당신이 예술을 향유하기를 바란다
면 당신은 예술적인 소양을 쌓은 인간이어야 한다. 당신
이 다른 사람에게 영향력을 행사하고자 한다면 당신은
현실적으로 고무하고 장려하면서 다른 사람에게 영향을
끼치는 인간이어야만 한다. 당신이 사랑을 하면서도 되
돌아오는 사랑을 불러일으키지 못한다면, 즉 사랑으로서
당신의 사랑이 되돌아오는 사랑을 생산하지 못한다면,
당신이 사랑하는 인간으로서의 당신의 생활 표현을 통해
당신을 사랑받는 인간으로 만들지 못한다면 당신의 사랑
은 무력하며 하나의 불행이다.
_카를 마르크스

🐾   19세기 독일의 사회주의 철학자 카를 하인리히 마르크
스(Karl Heinrich Marx, 1818~1883)는 사랑받는 사람이 되는 가장 좋
은 방법은 사랑받을 만한 사람이 되는 것이라고 합니다. 당연한
이야기이지만 참으로 어려운 것이기도 합니다. 왜냐하면 사랑을
받는 가장 좋은 방법이 돈이나 권력이라고 생각하는 사람들이 많
기 때문입니다. 마르크스는 사랑을 비롯한 모든 인간적인 가치
를 물질로 생각하는 사람들을 누구보다 경멸했습니다.

자기 자신부터 사랑하기

남에게 사랑을 베푸는 사람이란 자기 자신을 사랑하는
사람이다.
_레오 버스카글리아

🍃   레오 버스카글리아는 《살며 사랑하며 배우며》를 비롯
해 사랑에 대한 여러 명저로 우리에게도 친숙합니다. 버스카글
리아는 학생들의 시험지 하나하나에 일일이 '아름답습니다', '환
상적입니다', '아주 훌륭합니다'라는 글을 적어 넣은 것으로도 유
명합니다.

그는 누군가와 인생을 같이하고 싶다고 마음을 주되 그에게 마음
을 사로잡히지는 말라고 강조합니다. 그리고 나란히 서되 너무
가까이 서지는 말라고 말합니다. 자신이 확고해야 남도 사랑할
수 있다는 것입니다. 그리고 사랑을 실천하는 사람은 가식 없는
자세로 돌아가 서로를 만져 주고, 껴안아 주고, 서로를 웃음으로
맞이하고, 서로를 걱정해 주어야 하는데, 그렇게 하기 위해서도
자신을 사랑해야 합니다.

돈으로 살 수 없는 것

사랑은 돈으로 살 수 있는 것이 아니고 그 값도 없다.

_에우세비우스 히에로니무스

🐚 　　중세의 위대한 종교인인 에우세비우스 히에로니무스 (Eusebius Hieronymus, 347?~419?)는 사랑이 돈으로도 살 수 없는 무한한 가치를 갖는다고 말합니다. 중세의 사랑에 대한 가치관을 보여 주는 말이지만 지금도 당연한 진리입니다. 그럼에도 사랑을 돈으로 살 수 있다고 생각하는 사람들이 많습니다.

사랑은 어떻게 오는가

사랑이 어떻게 너에게로 왔는가.
햇빛처럼 꽃보라처럼
또는 기도처럼 왔는가. 말해 주오!

행복이 반짝이며 하늘에서 몰려와
날개를 거두고
꽃피는 나의 가슴에 걸려 온 것을

하얀 국화가 피어 있는 날
그 집의 화사함이
어쩐지 마음에 불안하였네.
그날 밤늦게, 조용히 네가
내 마음에 닿아 왔네.

나는 불안하였네.
아주 상냥하게 네가 왔네.
마침 꿈속에서 너를 생각하고 있었네.
네가 오고 은은히 동화에서처럼
밤이 울려 퍼졌네.

밤은 은으로 빛나는 옷을 입고

한 주먹의 꿈을 뿌리네.
꿈은 속속들이 마음속 깊이 스며들어
나는 취하네.

어린아이들이 호두와
불빛으로 가득한 크리스마스를 보듯
나는 보네. 네가 밤 속을 걸으며
꽃송이 송이마다 입 맞추어 주는 것을.
_라이너 마리아 릴케

🐚   라이너 마리아 릴케의 시 〈사랑이 어떻게 너에게로 왔
는가〉입니다. 이 시는 사랑이 예고 없이 왔음을 노래합니다. 어
쩌면 이 시는 그 유명한 릴케의 연인 루 살로메와의 사랑을 노래
한 것인지도 모릅니다. 당시 릴케는 스물네 살 독신이고 루는 서
른여섯 살 유부녀였지만, 그녀와의 만남은 릴케의 삶에 전환점
이 되었습니다. 특히 그녀와의 러시아 여행을 통해 원초적이며
조화롭고 강력한 신의 세계이자 인간적 공동체와 자연을 발견해
시의 혁명을 이루었습니다.

당신을 사랑한다, 모든 것을 사랑한다

우리가 사랑에 빠져 있을 때 우리는 풀을 사랑하고,
헛간을 사랑하고, 전봇대를 사랑한다,
그리고 밤새도록 유기된 작은 중심가들을 사랑한다.
_로버트 블라이

미국의 자연주의 시인 로버트 블라이(Robert Bly, 1926~)
의 〈사랑 시〉에 나오는 글입니다. 시인은 사랑이 즉각적으로 자
신과 사물들을 하나가 되게 하는 매개체가 되고 있음을 노래합니
다. 사랑을 하면 자연과 일체가 된다는 것입니다. 사랑의 신비로
움 가운데 이보다 더 신비로운 것이 있을까요? 그러니 자연 사랑
도 인간 사랑에서 시작해야 합니다. 인간이 싫어서 자연 속에 숨
는다는 것은 말이 안 됩니다. 사실 자연 파괴도 인간 파괴에서 비
롯되는 것입니다.

세상이 행복해지도록

당신이 사랑하는 사람의 손을 잡으면,
당신은 그 손이 섬세한 새장임을 알리라…
작은 새들이 노래한다.
후미진 초원에서
그리고 손의 깊은 계곡에서

_로버트 블라이

🐦 　　로버트 블라이의 〈침묵〉이라는 시입니다. 사랑하는 사
람의 손은 새장이고 초원이고 계곡입니다. 사랑하는 사람은 자
연 그 자체입니다. 사랑하는 사람은 자연까지 사랑할 줄 알아야
합니다. 아니, 이웃도 인류도 사랑해야 합니다. 그래서 세상에
사랑이 넘쳐 모든 사람이, 존재가, 세상이 행복해야 합니다.

웃음은 사랑의 동력

서로 웃어라.
아내에게 웃고, 남편에게 웃고, 아이에게 웃고.
서로 웃어라.
그 대상이 누구인지는 중요하지 않다.
미소를 지으면 서로가 좀 더 위대한 사랑 속에서 성장할
수 있다.

_테레사 수녀

🐾　　　20세기 위대한 성녀 테레사 수녀(Theresa Agnes Gonxha
Bojaxhiu, 1910~1997)는 1950년 인도 콜카타에서 '사랑의 선교회'
를 설립하고 인도를 비롯한 여러 나라에서 45년간 빈민과 병자,
고아, 그리고 죽어 가는 이들을 위해 헌신했습니다. 가난한 이들
을 대변하는 인도주의자였던 테레사 수녀가 무엇보다 서로 웃기
를 권유한 이유는, 웃음이 누구나 쉽게 할 수 있는 것이면서도 사
실은 어려운 것이기 때문인지도 모릅니다. 웃음은 연인들에게도
가장 중요한 표현 행위이지만 반드시 쉬운 것은 아닙니다. 웃음
이야말로 사랑을 시작하게 하고 유지하게 하는 것임을 명심해야
합니다.

아름다운 꽃은 스스로를 내세우지 않는다

사랑은 꽃처럼 향기로운 것이다. 아름다운 꽃은 스스로
를 내세우지 않아도 그 향기를 맡고 저절로 찾아오는 벌
들이 있기 마련이다.
_발타사르 그라시안 이 모랄레스

17세기 스페인의 철학자 발타사르 그라시안 이 모랄레
스(Baltasar Gracian y Morales, 1601~1658)은 간결하고 미묘한 언어 속
에 과장된 재치를 담아내는 사유 양식의 하나인 스페인 콘셉티스
모(conceptismo, 기상주의)의 대표자입니다. 그는 "사랑은 오직 사랑
을 선물할 뿐이다. 그리고 사랑만이 그 대가로 받을 수 있는 유일
할 것이다"라든가 "사랑했던 시절의 따스한 추억과 뜨거운 그리
움을 신비한 사랑의 힘에 의해 언제까지나 사라지지 않고 남아
있게 해야 한다"라고 했지만, "사랑이 깊을수록 우리가 겪게 될
고통 또한 커진다"라고도 말했습니다.

Spring of Love 048

사랑은 유일한 마술

진짜 유일한 마술,
유일한 힘,
유일한 구원,
유일한 행복,
사람들은 이것을 소위 사랑하는 것이라고 부른다.

_헤르만 헤세

20세기 독일 문학을 대표하는 헤르만 헤세(Hermann Hesse, 1877~1962)는 사랑이 항상 행복을 주는 것은 아니라고 했습니다. 그러나 사랑이란 슬픔 속에서도 의연하게 이해하고 미소 지을 수 있는 능력을 말한다고도 했습니다. 또한 "사랑이란 애걸해서도 안 되고 요구해서도 안 된다. 사랑은 자신 속에서 확신에 이르는 힘을 가지지 않으면 안 되는 것이다. 사랑은 결코 이끌어지는 것이 아니고 이끄는 것이다"라고 했습니다. 그리고 "사랑이란 우리를 행복하게 하기 위해서 있는 것이 아니다. 사랑은 우리들이 고뇌와 인종 속에서 얼마만큼 강할 수 있는지 자기에게 보이기 위해서 있는 것이다"라고 했습니다.

미쳐야 사랑한다

사랑에는 항상 약간의 광기가 섞여 있다. 그러나 또한 그
속에는 항상 약간의 제정신도 있는 것이다.

_프리드리히 니체

🐚　　　19세기 독일의 철학자 프리드리히 빌헬름 니체(Friedrich
Wilhelm Nietzsche, 1844~1900)는 사랑에 빠진 사람은 약간의 광기와
약간의 제정신이 공존하는 상태라고 말합니다. "언제까지나 사
랑을 이어 간다든가, 언제까지나 미워한다든가, 언제까지나 배
반하지 않는다는 약속을 하는 사람은, 자신의 힘에 벅찬 것을 약
속하는 것이다"라는 니체의 말도 옳을지 모릅니다.

그는 또한 "사랑이 두려운 것은 사랑이 깨지는 것보다 사랑이 변
하는 것이다", "순결을 지키기 힘든 자에게는 순결을 버리게 하
라. 억지로 순결을 지키게 함으로써 그 순결이 지옥의 길을 향하
게 하고, 영혼의 진흙과 음욕의 길로 변하고 마는 것보다는 오히
려 그 편이 낫다"라고 했습니다.

사랑에도 연습이 필요하다

사랑은 습관의 소산이다.
_티투스 루크레티우스 카루스

🌸　　기원전 1세기에 활동한 고대 로마의 시인이자 철학자 티투스 루크레티우스 카루스(Titus Lucretius Carus, ?~?)의 이 말을 사랑을 버릇처럼 하는 바람둥이의 말로 오해해서는 안 됩니다. 도리어 사람은 누구나 사랑하는 능력을 잠재적으로 가지고 있으므로 그 능력을 드러내도록 노력하고 훈련을 거듭해야만 사랑할 수 있다는 것입니다. 나아가 사랑은 좋은 습관으로 익혀야 하는 것임을 말하고 있습니다. 처음부터 진지하게 하도록 몸과 마음에 익혀야 합니다. 루크레티우스는 "욕망에 눈이 먼 자들은 자신이 사랑하는 대상을 실제 이상으로 찬양한다"라고 했습니다.

Spring of Love 051

꽃을 보고 당신을 그리워하다

꽃을 보고 애인을 그리워한다면 가깝고 멀고는 문제가
아니다.

_공자

공자(孔子, 기원전 551~기원전 479)는 중국 춘추 시대의 성
현으로 근엄한 도덕군자 같은 이미지인데, 꽃을 보고 애인을 그
리워하는 연심을 말했다니 놀랍습니다. 우리 속담에 "7년 대한
(大旱) 왕 가뭄에 빗발같이 보고 싶다"라는 말이 있듯이, 사랑하는
사람은 누구나 그런 애절한 그리움을 경험하기 마련입니다. 고
대 국어에서 '사랑하다'라는 말은 계속해서 생각한다는 의미였습
니다. 한자의 사랑 애(愛)자도 원래는 지금과 달리 아낀다는 뜻이
었습니다.

충분히 사랑하며 살았는가

우리가 사랑할 수 없다면 다른 영적인 가르침은 모두 헛될 뿐이다. 우리가 가장 기본적인 일상생활에서 행복하지 못하면 우리는 서로 교류하지 못하고, 우리의 삶과 마음으로 교류하지 못하면 아무리 고양된 상태도, 아무리 훌륭한 정신적 성취도 중요하지 않다. 중요한 것은 우리가 어떻게 사는가 하는 것이다.

_잭 콘필드

세계적인 명상 지도자 잭 콘필드(Jack Kornfield, 1945~)의 《마음의 숲을 거닐다》에 나오는 말입니다. 그는 가장 영향력 있는 현존하는 영적 지도자 100명 가운데 한 사람으로 유명한 불교 사상가입니다. 그는 "나는 충분히 사랑하며 살았나?" 마음에게 물어보길 권합니다.

마음과 거리의 관계

멀리 떨어져 있으면 그리움이 간절해지고, 같이 있으면
사랑이 강해진다.

_서양 속담

🎐 　　그리움은 동서고금을 막론하고 인간의 가장 근본적
인 감정입니다. 영국의 작가 토머스 헤인즈 베일리(Thomas Haynes
Bayly)의 시에 나오는 "마음은 곁에 없는 것일수록 더욱 그리워한
다"라는 구절도 그리움에 대해 이야기할 때 자주 회자되는 명구
입니다.

멀리 떨어져 있어도 나는 그대 곁에

햇빛이 바다를 비출 때
나는 그대를 생각하노라.
달그림자 샘에 어릴 때
나는 그대를 생각하노라.

먼 길 위에 먼지 자욱이 일 때
나는 그대 모습 보노라.
깊은 밤 좁은 길을 나그네가 지날 때
나는 그대 모습 보노라.

물결이 거칠게 출렁일 때
나는 그대 목소리 듣노라.
모두가 잠든 고요한 숲 속을 거닐면
나는 또한 그대 목소리 듣노라.

그대 멀리 떨어져 있어도 나는 그대 곁에
그대는 내 곁에 있노라.
해는 기울어 별이 곧 반짝일 것이니
아, 그대 여기에 있다면

_요한 볼프강 폰 괴테

괴테의 〈연인의 곁〉이라는 시입니다. 괴테는 수많은 사랑의 명시를 남겼습니다. 그에게 여성은 남성의 영원한 인도자요 창조적 삶의 원천인 동시에, 정신과 영혼의 가장 숭고한 노력의 구심점이었습니다. 그래서 그는 "영원히 여성적인 것이 우리를 끌어 올린다"라고 했습니다. 또한 "고상한 남성은 여성의 충고에 따라 더욱 고상해진다"라고 했습니다. 그에게 삶이란 상반된 경향들을 자연스럽게 조화시키는 가운데 타고난 재능을 실현해 가는 성숙의 과정이었습니다. 그것이 사랑임은 두말할 필요가 없습니다.

멀어질수록 뜨겁게 타오른다

내 몸과 마음은 오로지 그대의 것입니다. 그대의 따뜻한
정을 나에게 베풀어 주고, 설령 내가 곁에 없더라도 그대
의 애정이 변하지 않길 바랍니다. 그렇지 않으면 나는 크
나큰 고통에 빠져 견디기 힘들 것입니다. 그대가 곁에 없
다는 사실만으로도 나의 고통은 차고 넘칩니다. 천문학
의 진리가 생각납니다. 극은 태양에서 멀어질수록 뜨겁
게 이글거린다는 사실 말입니다. 우리 사랑도 그렇습니
다. 비록 서로 곁에 없어도 열정은 커져만 갑니다.
_헨리 8세

🐚   16세기 영국의 왕 헨리 8세(Henry Ⅷ, 1491~1547)가 연
인인 앤 불린(Anne Boleyn)에게 쓴 편지입니다. 헨리 8세는 스페인
왕녀 캐서린과 첫 결혼을 한 뒤 그녀의 시녀 앤 불린을 사랑하게
되지만, 가톨릭교회는 이혼을 허락하지 않아 가톨릭과 결별하고
영국 교회를 수립한 뒤 7년 만에 결혼합니다. 그러나 3년 뒤인
1536년 앤 불린은 간통 혐의로 처형됩니다. 그녀가 낳은 딸이 엘
리자베스 1세입니다. 위의 편지 끝에는 "그대의 종이자 친구로부
터"라고 되어 있지만 그 편지가 정말 헨리 8세가 썼는지, 그의 시
종이 썼는지는 알 수 없습니다.

온갖 족쇄를 깨뜨리는 자유

사랑은 언제나 결함에 눈 감고
기쁨을 추구하며
그 무엇에도 얽매이지 않고 자유롭게 솟구쳐
마음의 온갖 족쇄를 깨뜨리네.
_윌리엄 블레이크

🐚 　　　19세기 영국의 낭만파 시인 윌리엄 블레이크(William Blake, 1757~1857)의 〈시와 단상〉입니다. 블레이크는 이 시에서 사랑의 자유를 노래합니다. 그 전제는 상대의 결함을 따지지 않고 오로지 기쁨을 추구하는 것이고, 그 결과는 마음의 모든 미신과 금기를 부수고 관습과 규율을 없애는 것입니다.

2,999와 2분의 1개의 입맞춤

안녕, 내 사랑. 내 하나뿐인 당신. 이제 허공을 향해 손을
휘휘 저어 보십시오. 내가 당신에게 보낸 2,999개하고도
2분의 1개의 짧은 입맞춤이 이리저리 날아다니며 당신이
낚아채 주길 기다리고 있을 테니, 당신의 귀에 대고 속삭
이고 싶습니다.

_볼프강 아마데우스 모차르트

🐚　　모차르트가 아내에게 보낸 편지입니다. 모차르트는 성
인이 되어 유럽 순회 연주 여행을 하다가 독일에서 여가수와 사
랑에 빠졌지만, 2년 뒤 다시 만났을 때 그녀는 모차르트를 알아
보지도 못했답니다. 그리고 몇 년 뒤인 1782년 그는 그녀의 동생
인 콘스탄체와 결혼합니다. 부부의 순수한 사랑은 영화 〈아마데
우스〉에 잘 묘사되어 있습니다. 그녀의 사치 때문에 부부는 어렵
게 살기도 했지만 편지를 보면 행복했고 언제나 어린이들 같은
유머를 공유한 것처럼 보입니다. 어쩌면 그런 유머가 삶의 어려
움을 견디게 했는지도 모릅니다.

그대는 나의 알파이자 오메가

사랑하는 엠마. 내가 유일하게 바라는 것이 무엇인지 아십니까? 나 넬슨이 그대의 것이라는 사실을 그대가 언제까지나 믿어 주는 것입니다. 그대는 넬슨의 알파이자 오메가입니다! 나는 변할 수가 없습니다. 내 사랑은 이 세상의 경계조차 넘어섭니다. 그 무엇도 내 사랑을 흔들 수 없습니다. 그대를 빼고는 말입니다. 그러나 그런 일은 잠깐이라도 결코 생각할 수 없습니다.

_허레이쇼 넬슨

트라팔가르 해전에서 나폴레옹을 물리친 영국의 제독 허레이쇼 넬슨(Horatio Nelson, 1758~1805)이 죽기 직전에 절세미인 엠마 해밀턴(Emma Hamilton)에게 보낸 마지막 편지입니다. 엠마는 여배우, 그림 모델 등으로 일하다가 30세 연상의 외교관과 결혼한 뒤 넬슨과 사랑에 빠졌습니다. 1800년에는 그녀의 남편과 셋이서 함께 살았고, 이듬해 그녀는 넬슨의 딸을 낳았습니다. 넬슨은 유언에서 재산을 남겼고, 자신이 전사하면 그녀를 보살펴 달라고 정부에 청원했지만, 그녀는 1813년 채무자 감옥에 투옥되었습니다. 이듬해 탈옥하여 딸과 함께 프랑스로 도망쳤지만 가난과 병으로 비참하게 살다가 죽었습니다.

사랑은 말로 할 수 없는 것

사랑을 말하려 하지 말지니
사랑은 말로 할 수 없는 것이라
어디서 이는지 알 수도 없고
눈에도 안 뵈는 바람 같은 것.

내 일찍이 내 사랑을 말하였지.
내 마음의 사랑을 말하였더니
그녀는 새파랗게 질려 떨면서
내 곁을 떠나고야 말았지.

그녀가 내 곁을 떠나간 뒤에
나그네 한 사람이 다가오더니
어디로 가는지 알 수도 없게
한숨 지으며 그녀를 데려갔지.

_윌리엄 블레이크

　　　윌리엄 블레이크의 〈사랑의 비밀〉입니다. 블레이크는
이 시에서 사랑의 비밀을 말할 수 없다고 노래했습니다. 다른 시
에서 그는 "사랑은 인간의 신성한 형태를 취하고 평화는 인간의
옷을 입고 있다"거나 "사랑은 남을 위해 자신의 안락을 희생하고
지옥의 절망 속에도 천국을 건설한다"고 노래했습니다. 여기서
블레이크는 사랑의 이타성을 강조합니다. 물론 자기를 버리고
남을 위해 희생만 하는 것이 반드시 진실한 사랑은 아닙니다. 자
기를 사랑하지 않는 사람은 남을 사랑할 수 없습니다. 그러나 그
것이 이기적인 것을 뜻하지는 않습니다.

String of Love 060

자유의 열쇠는 사랑

세상의 삶은 감옥, 자유의 열쇠는 사랑.
사랑이 세속의 삶에서 천국과 같은 삶으로 이끈다.
_베티나 폰 아르님

🍂　　19세기 독일의 작가 베티나 폰 아르님(Bettina von Arnim, 1785~1859)은 베토벤과 괴테의 연인으로 유명하지만 결혼도 했습니다. 인습에 얽매이지 않았으나 남편에게는 충실한 아내였고, 일곱 명의 아이들에게는 헌신적인 어머니였습니다. 민감하고 열정적이었으나 자신의 개인적인 자유를 잃지 않으려 했고, 어떤 일에도 헌신적이었습니다.

다만 사랑할 뿐

아름다움이란 존재하지 않는다. 나는 사랑하거나 미워할
뿐이다.
_파블로 피카소

20세기 최고의 화가 파블로 피카소(Pablo Picasso,
1881~1973)가 평생 수많은 여인을 사랑하고 그렸다는 것은 유명
합니다. 결국 그 그림들은 그의 사랑을 표현한 것이지 그녀들의
아름다움을 표현한 것이 아니었습니다. 피카소와 쌍벽을 이룬다
고 할 수 있는 20세기 최고의 음악가 이고르 스트라빈스키(Igor
Stravinsky)는 "인간의 본질을 바르게 통찰할 수 있는 것은 오직 사
랑을 통해서만 되는 것이 아닐까?"라고 했습니다.

Spring of Love 062

오직 사랑만을 위해

당신이 날 사랑해야 한다면
오직 사랑만을 위해 사랑해 주세요.

그녀의 미소, 그녀의 모습, 그녀의 부드러운 말씨
그리고 내 마음에 꼭 들고
힘들 때 편안함을 주는 그녀의 생각 때문에
'그녀를 사랑해'라고 말하지 마세요.

사랑하는 이여, 이런 것들은 그 자체로나
당신 마음에 들기 위해 변할 수 있는 것,
그리고 그렇게 얻은 사랑은
그렇게 잃을 수도 있는 법.

내 뺨에 흐르는 눈물
닦아 주고픈 연민 때문에
사랑하지도 말아 주세요.
당신의 위안 오래 받으면
눈물을 잊어버리고,
그러면 당신 사랑도 떠나갈 테죠.

오직 사랑만을 위해서 사랑해 주세요.

사랑의 영원함으로
당신 사랑 오래오래 지니도록
_엘리자베스 브라우닝

🍃   19세기 영국의 여류 시인 엘리자베스 배럿 브라우닝
(Elizabeth Barrett Browning, 1806~1861)의 〈오직 사랑만을 위해〉에
나오는 글입니다. 브라우닝은 문학사상 가장 유명한 로맨스의
주인공입니다. 장애인이자 시한부 인생을 살았던 그녀가 주위
의 반대를 무릅쓰고 여섯 살 연하의 젊은 시인 로버트 브라우닝
(Robert Browning)의 구애를 받아들이며 쓴 시 〈오직 사랑만을 위
해〉입니다. 측은한 마음이나 연민이 아니라 아무런 조건이 붙지
않은 사랑, 오직 사랑만을 위해서 사랑해 달라는 내용입니다.

Spring of Love 063

두 마음 한 몸

사랑은 두 마음이 한 몸이 되는 것이고, 우정은 두 몸이
한 마음이 되는 것이다.

_자크 루

18세기 프랑스의 성직자 자크 루(Jacques Roux, ?~1794)는
프랑스 혁명에 참여한 극단적인 민주주의자였습니다. 여러 문학
작품이나 영화가 보여 주듯이 혁명에서는 사랑도 우정도 빛나지
만, 루는 사랑보다 혁명 동지들과의 우정이 더 중요하다고 여겼
습니다.

우정과 사랑

가장 위대한 사랑은 우정으로부터 탄생하며 가장 위대한
우정은 사랑으로부터 온다.

_루 안드레아스 살로메

독일의 작가 루 안드레아스 살로메(Lou Andreas – Salomé,
1861~1937)는 니체나 릴케와 같은 여러 천재들로부터 사랑을 받
은 여인으로 유명합니다. 그러나 정작 그녀가 바란 것은 우정이
었습니다. 만년에는 프로이트와 우정을 나누기도 했습니다.

사랑과 소유욕

무엇보다도 관심과 사랑을 자극하는 두 가지 요인은 어떤 것이 너의 소유물이라는 점과 그것이 너의 유일한 소유물이라는 점이다.

_아리스토텔레스

고대 그리스의 철학자 아리스토텔레스(Aristoteles, 기원전 384~기원전 322)의 말처럼 우리가 흔히 그대는 나의 것, 그대는 나만의 것이라고 사랑을 표현하는 감정의 이면에는 소유욕이 도사리고 있을지도 모릅니다. 그러나 물질적인 소유욕이 아니라 정신적인 귀속의 충실을 강조하는 것이라면 용납할 수도 있지 않을까요?

한편에는 세계를, 한편에는 사랑을

사랑이란 무엇인가? 한편에는 전 세계를, 다른 한편에는
사랑 외에 아무것도 두지 않으려고 하는 정열이다.
_나폴레옹 보나파르트

프랑스의 황제 나폴레옹 보나파르트(Napoléon Bonaparte,
1769~1821)는 "인간이 궁극적으로 바라는 것은 존경과 사랑이다"
라고 했는데, 그 존경이 세계 정복으로 인한 것을 말하는지도 모
릅니다. 그는 여성에 대해서도 정복욕을 과시해 "여자를 손에 넣
을 때는 이유도 영탄(詠嘆)도 필요치 않다. 그저 내 것으로 만들면
그뿐인 것이다"라고 했습니다. 사랑을 정복이라고 여기는 생각
은 나폴레옹에게서 비롯되었는지도 모릅니다. 그는 "사랑에 대
한 유일한 승리는 탈출이다"라고 말하기도 했습니다.

사랑의 모순

사랑은 두려움이고 용기이다. 붙들린 몸이기도 하고 해
방이기도 하다. 병들어 있으면서 건강하고 행복하면서
고민한다. 사랑은 끊임없는 물음인 동시에 마음 설레는
기대이기도 하다.
_프란체스코 알베로니

🐾　　　이탈리아의 현대 철학자 프란체스코 알베로니(Francesco
Alberoni, 1929~)는 사랑의 모순에 대해 말합니다. "사랑은 지배임
과 동시에 복종이기도 하다. 끊임없는 에고이즘이면서 전면적인
헌신이기도 하다. 사랑은 존경이지만, 상대를 거부하면서 가만
히 머물러 있지도 않다"라는 말도 마찬가지입니다. 나아가 그는
"진정한 사랑을 찾으려고 한다면 마음을 순수하게 비울 필요가
있다. 위험은 지극히 크지만 보상도 그만큼 값지다"라고 충고합
니다. "우리는 욕구와 사랑의 궁극적인 대상을 쾌감과 불쾌감의
덧셈과 뺄셈으로 계산할 수 없다"는 것입니다.

사랑은 과정이다

사랑은 행위가 아니라 과정이다. 발견과 의문, 불안과 시
련의 반복이다. 사랑은 동요이고, 두려움이고, 감동이고,
통곡이며, 한마디로 표현할 수 없는 욕구이다.

_프란체스코 알베로니

프란체스코 알베로니는 "사랑에는 의심과 모색 그리고
고뇌가 필수적인 요인이 된다"라고 합니다. "사랑을 하는 사람은
자신의 내부에서 커다란 생명력을 느끼지만, 동시에 손 하나 까
딱할 수 없는 무력감도 느낀다. 환희에 가득 찬 기분을 맛보기도
하고, 반대로 슬픔을 느끼기도 한다"는 것입니다. 그 하나가 질
투입니다. "질투는 항상 존재한다고 하지만 사랑을 시작하는 연
인들은 상대에게 끊임없이 확인하고 물어보며 때로는 불안해져
상대를 미워하기도 합니다. 연애는 어쩔 수 없는 초조한 마음이
항상 함께한다"고 합니다.

여름의 태양처럼 뜨겁고 정열적인 사랑에 관한 말들. 에밀리 디킨 슨은 사랑이 전부라고 찬미하고, 로맹 롤랑은 서로 사랑하는 것만 이 진리라고 말한다. 라로슈푸코는 사랑의 기쁨과 열정이 주는 행 복을 이야기한다. 이 외에도 몸의 사랑과 쾌락에 대한 말들이 담겨 있다.

사랑의 여름

...

사랑하라, 태양보다 뜨겁게

사랑이 전부다

사랑이 전부라는 것, 우리가 사랑에 대해 알고 있는 건
이게 전부다.
_에밀리 디킨슨

미국의 시인 에밀리 엘리자베스 디킨슨(Emily Elizabeth
Dickinson, 1830~1886)은 평생 고향에서 살았고, 실연을 경험한 30
세 이후에는 독신으로 은둔 생활을 하며 흰옷만 즐겨 입어 '뉴잉
글랜드의 수녀'라는 별명을 얻기도 한 순결한 여인이었습니다.
그런 그녀가 사랑을 전공처럼 다양한 애정 편력을 하는 사람들과
같이 사랑이 전부라고 말하다니 의외라고 생각하는 분이 계실지
도 모릅니다. 그러나 그녀의 말은 사랑이 최고의 가치라는 것이
지, 그 밖의 다른 의미는 아닐 것입니다.
어쩌면 그녀는 첫사랑을 전부라고 여겨 평생 그 한 사람만 사랑
했는지도 모릅니다. 그런 사랑을 비웃을 수는 없습니다. 오히려
너무나 고귀한 사랑이라고 할 수 있습니다.

사랑은 천국이다

사랑은 천국이고 천국은 사랑이다.
_조지 고든 바이런

🖐 18세기 영국의 낭만파 시인 조지 고든 바이런(George
Gordon Byron, 1788~1824)은 사랑과 천국을 동일시할 정도로 사랑
을 예찬했습니다. 그러나 그것은 사랑을 시작하고 그 사랑이 더
욱더 꽃필 때까지의 이야기 아닐까요? 사랑이 지고 이별할 즈음
에는 사랑이 도리어 지옥으로 변하는 것 아닐까요?

여하튼 사랑이 천국이라는 말은 단순히 사랑의 행복을 강조한 것
이 아니라 사랑이 현실을 초월하는 것임을 강조한 것인지도 모
릅니다. 바이런은 "한 남자가 시인이 되기 위해서는 사랑을 해야
하고 또 불행해져야 한다. 사랑과 종교에서 불가능은 없다"라고
말한 것을 행동으로 실천한 사람으로도 유명합니다. 또한 그는
"남자의 사랑은 그 생활의 일부이지만 여자의 사랑은 그 전부이
다"라고 말했습니다.

언제나 사랑이 답이다

어떤 물음에도 사랑이 그 해답이다.
어떤 문제에도 사랑이 그 해답이다.
어떤 슬픔에도 사랑이 그 해답이다.
어떤 아픔에도 사랑이 그 해답이다.
어떤 물음에도 사랑이 그 해답이다.
어떤 두려움에도 사랑이 그 해답이다.
언제나 사랑이 그 해답이다.
왜냐하면 사랑이 전부이기 때문이다.

_제럴드 G. 잼폴스키

🍃　　　제럴드 G. 잼폴스키의 《사랑과 인생에 관한 클리닉》에
나오는 구절입니다. 앞에서 에밀리 디킨슨도 사랑이 전부라고
했지만, 잼폴스키가 그렇게 말하는 것과는 의미가 조금 다를지
모릅니다. 두 사람 모두 감상적으로 사랑밖에 없다는 식으로 말
하는 것은 아닙니다.

삶의 시작

인간이 사랑을 시작했을 때 비로소 삶이 시작된 것이다.

_마들랭 드 스퀴데리

🐚　　　17세기 프랑스의 소설가 마들랭 드 스퀴데리(Madeleine
de Scudéry, 1607~1701)가 남긴 명언입니다. 사랑이 삶의 시작이자
전부라는 뜻이지요. 사랑을 함으로써 비로소 참된 삶을 누린다
는 것입니다. 17세기 여성이 이렇게 사랑을 예찬했다는 사실이
놀랍습니다.

사랑할 때 진정한 내가 된다

내가 당신의 것이 되는 때, 비로소 나는 나의 것이 된다.

_미켈란젤로

16세기 이탈리아 르네상스의 거장 미켈란젤로(Michelangelo di Lodovico Buonarroti Simoni, 1475~1564)는 시인이기도 했습니다. 위 구절은 그가 사랑한 비토리아 코론나(Vittoria Colonna)에게 바친 소네트에 나오는 구절입니다. 미켈란젤로는 그녀를 예순한 살에 알았습니다. 그때 그녀의 나이는 마흔일곱 살이었습니다. 그들의 사랑은 전형적인 플라토닉 러브였는데, 미켈란젤로는 동성애자라는 이야기도 있습니다.

열정이 주는 행복

사랑의 기쁨은 사랑하는 데 있다. 우리는 우리가 자극하는
것보다는 우리가 느끼는 열정에서 더 큰 행복을 맛본다.
_프랑수아 드 라로슈푸코

🐚 　　17세기 프랑스의 작가 프랑수아 드 라로슈푸코(François
de La Rochefoucauld, 1613~1680)가 간결하고 명확한 문체로 인간 심
리의 미묘한 심층을 날카롭게 파헤친 《잠언과 성찰》에 나오는 말
입니다. "우리의 미덕이란 가장 자주 위장되는 악덕에 지나지 않
는다"라는 머리말처럼 인간의 행위란 한 꺼풀만 벗기면 모두가
이기심이나 자기애에서 나온다는 것이 그의 근본 사상입니다.
그는 "참된 사랑이란 유령과 같다. 모두가 화제로 삼지만 정말
본 사람은 극히 적다"라고 했으며, 또한 "우리가 진심으로 사랑
하는 누군가를 두고 또 다른 사랑을 한다는 것은 결코 있을 수 없
는 일이다"라고 했습니다. 그리고 "용서는 사랑에 비례한다"라는
말도 했습니다. 사랑하면 용서하라고, 사랑하는 만큼 용서할 수
있다고 말한 것입니다.

세월은 간다, 사랑하라

꽃다발 손수 엮어서
보내는 이 꽃송이들
지금은 한껏 폈지만
내일은 덧없이 지리.

그대여 잊지 마라.
꽃같이 예쁜 그대도
세월 지나면 시들고
덧없이 지리, 꽃처럼.

세월은 간다, 세월은 간다.
우리도 간다, 흘러서 간다.
세월은 가고 땅에 묻힌다.

애타는 사랑도 죽은 뒤엔
속삭일 상대가 없어지려니
사랑하세나, 내 꽃 그대여.
_피에르 드 롱사르

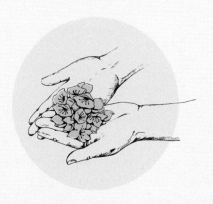

　　16세기 프랑스의 시인 피에르 드 롱사르(Pierre de Ronsard, 1524~1585)의 〈꽃다발 손수 엮어서〉라는 시입니다. 롱사르는 〈엘렌을 위한 소네트〉에서도 사랑을 거절한 연인이 늙어서 뉘우치리라고 노래합니다. 그러면서도 마지막에는 "살아 다오, 나를 믿거든 내일을 기다리지 마라./주저 말고 오늘 꺾어라, 생명의 장미를"이라고 노래합니다.

결핍을 채워 주는 사랑

인간은 열정적인 사랑 속에서만 행복해질 수 있다.
_아리스토파네스

고대 그리스의 희극 시인 아리스토파네스(Aristophanes,
기원전 448~기원전 380)는 플라톤보다 한 세대 앞선 작가로, 플라톤
의 《향연》에 등장해 소크라테스의 플라토닉 러브에 반하는 열정
적인 육체적 사랑을 주장합니다. 아리스토파네스는 희극 《구름》
에서 소크라테스와 그의 제자들을 조롱하고, 마지막에는 그들의
학교인 프론티스테리온('생각하는 가게')이 불타서 잿더미가 되는 장
면을 보여 줍니다. 어쩌면 아리스토파네스가 말한 열정적인 사
랑이 오늘날 우리가 바라는 사랑일지도 모릅니다. 그는 우리가
사랑하는 상대를 없어서는 안 되는 존재로 느끼고, 상대와 멀리
떨어져 있는 시간이 무의미하다고 말하기 때문입니다. 그에게
사랑이란 인간의 고통스러운 결핍을 채워 주는 충만입니다.

사랑할 때는 모든 것을 걸어라

네가 참 사람이라면
사랑에 모든 것을 걸어라.
그렇지 않다면 이 자리를 떠나라.

반쪽 가슴으로는 위엄에 도달할 수 없다.
산을 찾아 떠나라
지저분한 길가 선술집에서 너무 오래 머무르지 말고.
_루미

🐾   페르시아의 수피 시인 잘랄 앗 딘 알 루미(Jalāl ad-Dīn ar
Rūmī, 1207~1273)의 〈선술집에서〉라는 시입니다. 루미는 이 시에
서 사랑에 전력으로 투구하라고 노래합니다. 두려움과 불안 때
문이든 또 다른 사람 때문이든 마음을 반만 주는 관계, 한쪽 발만
담그는 관계는 진정한 사랑에 도달할 수 없습니다.

사랑이 지겨워지면

사랑에 굶주려 죽지는 않지만, 사랑에 식상하면 죽음에
이르게 된다.
_니농 드 랑클로

🍃　　　프랑스의 유명한 창녀였던 니농 드 랑클로(Ninon de
Lenclos, 1620~1705)는 사랑이 없는 것보다 사랑에 대한 식상함을
두려워합니다. 고급 창녀다운 이야기라고 할 수도 있겠지만 보
통 사람들의 연애나 결혼에서도 식상하는 것은 문제입니다. 그
녀는 목덜미 마사지로 일흔 살에도 30대의 젊음을 유지했다고
합니다. 그녀가 "시선을 사로잡을 만큼 아름다운 것이, 항상 좋
은 것이라고 할 수는 없다. 하지만 좋은 것은 언제나 아름답다"라
고 한 것도 자신의 미모에 대한 자부심에서 나온 말이겠지요.

사랑과 욕망

사랑과 욕망은 위대한 행동으로 날아가는 정신의 날개다.
_요한 볼프강 폰 괴테

🐚 　　괴테는 평생을 두고 쓴 《파우스트》에서 파우스트를 사랑과 욕망을 추구한 전인적인 존재로 형상화했습니다. 파우스트처럼 위대한 인간이 되기 위해 사랑과 욕망을 추구할 수는 있지만, 그것이 악마인 메피스토의 힘을 빌려야만 가능하다면 섣불리 나설 수 없을지도 모릅니다. 괴테는 말합니다. "우리는 어디서 태어났는가? 사랑에서. 우리는 어떻게 멸망하는가? 사랑이 없으면. 우리는 무엇으로 자기를 극복하는가? 사랑에 의해서. 우리를 울리는 것은 무엇인가? 사랑. 우리를 항상 결합시키는 것은 무엇인가? 사랑." 이 정도면 괴테야말로 사랑의 신이라고 해야 하지 않을까요?

그런데 괴테의 사랑 철학도 현대의 사랑 철학자 콩트 스퐁빌의 경우처럼 자기에 대한 사랑에서 나옵니다. 그래서 괴테는 "타인을 자기 자신처럼 존경할 수 있고, 자기가 하고 싶다고 생각하는 것을 타인에게 할 수 있다면, 그 사람은 참된 사랑을 알고 있는 사람이다. 그리고 세상에 그 이상 가는 사람은 없다"라고 했습니다.

무엇도 사랑에 비할 수 없다

사랑이여, 너야말로 진정한 생명의 꽃이며 휴식 없는 행
복이다.
_요한 볼프강 폰 괴테

🌿   더 이상 설명이 필요 없는 사랑의 찬가입니다. 괴테는
사랑이 없는 삶, 애인이 곁에 없는 삶은 환등기가 비추는 영상에
불과하다고 비유했습니다. 즉 슬라이드를 계속 바꾸어 비춰 보
지만 어느 것을 본들 모두가 시시해 되돌려 놓고는 다음 슬라이
드로 다급히 바꾼다는 것입니다. 어떤 삶의 슬라이드도 사랑에
비교할 수 없다는 것입니다.
괴테는 "아무리 큰 공간일지라도 설사 그것이 하늘과 땅 사이라
고 할지라도 사랑은 모든 것을 메울 수 있다"라고 말했습니다.
그는 슈타인 부인에게 보내는 편지에서 "나는 지금까지의 생애
동안, 자신이 어떻게 사랑받고 싶은지, 이상을 품어 왔습니다.
그리고 그 성취를 언제나 망상에서 구해 왔지만, 소용없는 일이
었습니다"라고 고백했습니다. 그래서 그를 인간적인, 너무나 인
간적인 사람이라고 말하는 것입니다.

인생 최대의 기쁨

사랑이란 인생에서 맛볼 수 있는 최대의 기쁨이고 인간
에게 주어진 광기 어린 일이다.
_스탕달

19세기 프랑스의 소설가 스탕달(Stendhal, 1783~1842)은
《연애론》이라는 책에서 사랑에 대한 명언을 많이 남겼습니다. 그
에 따르면 연애에는 네 가지 다른 유형이 있습니다. 즉 정열 연
애, 취미 연애, 육체 연애, 허영 연애입니다. 그는 "연애란 열병
과 같은 것이어서 의지와 상관없이 생겨났다가 사라진다. 결국
연애란 나이와 상관없는 것이다"라고 했습니다. 또한 "첫눈에 반
하게 하려면 자기의 얼굴에 상대편 여성으로 하여금 존경심과 함
께 동정심을 가지게 하는 어떤 자극이 있어야 하는 것이다"라고
했습니다. 그는 묘비명에 "열심히 살았다. 마음껏 썼다. 열렬히
사랑했다"라고 쓰게 했습니다.

사랑만 있다면

사랑만 있다면 행복하지 않아도 살아갈 수 있다.
_표도르 도스토옙스키

🌰 　 19세기 러시아의 소설가 표도르 미하일로비치 도스토
옙스키(Fyodor Mikhailovich Dostoevsky, 1821~1881)는 망상적인 살인
자를 사랑으로 감화시키는 이야기인 《죄와 벌》을 비롯해 수많은
명작을 남겼습니다. 그 자신이 너무나 불행한 삶을 살았기에 불
행하다고 해도 사랑만 있으면 살 수 있다고 했지만, 보통 사람으
로서는 반드시 실감할 수 있는 말이 아닐지도 모릅니다. 그러나
누구에게나 불행은 닥칠 수 있고, 그것을 극복하기 위해서는 사
랑이 유일한 처방임을 일깨워 주는 말이라고 할 수 있습니다. 도
스토옙스키는 "지상의 모든 생물은 무엇보다 먼저 그 생을 사랑
하지 않으면 안 된다"라고 했습니다.

모든 것이 가능하다

사랑할 수 있다는 것은 모든 것을 할 수 있다는 것이다.
_안톤 체호프

19세기 러시아의 소설가이자 극작가인 안톤 파블로비치 체호프(Anton Pavlovich Chekhov, 1860~1904)는 진정한 사랑을 주제로 한 주옥같은 명작들을 남겼습니다. 그는 "너무 생각만 하고, 망설이고, 이상적이거나 진실한 사랑만을 꿈꾸다가는 아무것도 안 된다"라고 했습니다. 즉 사랑을 해야 그 사랑이 진실한 사랑으로 발전할 수 있다는 것입니다. 먼저 사랑을 하고 나서 사랑의 철학을 하시기 바랍니다.

가치 있는 시간은 오직 사랑했던 시간뿐

인생을 돌아보며 제대로 살았다고 생각되는 순간은 사랑
하는 마음으로 살았던 순간뿐이다.
_헨리 드러먼드

🐾　　　19세기 영국의 작가이자 종교인인 헨리 드러먼드(Henry
Drummond, 1851~1897)는 삶에서 진실하고 아름다운 시간은 사랑
의 시간이었다고 말합니다. 누구나 나이 들어 자신의 인생을 회
고할 때면 느낄 수 있는 감정입니다. 그러니 먼 훗날 후회하지 않
기 위해서라도 열심히 사랑해야 합니다. 사랑은 신비로운 것이
지만 인간의 삶에서 추구해야 할 최고의 가치이기 때문입니다.
헨리 드러먼드는 "시간은 사람을 변화시키지 못한다. 의지의 힘
도 사람을 변화시키지 못한다. 변화를 가능하게 하는 것은 오직
사랑이다"라고 했습니다.

사랑만이 진리

세상에는 오직 하나만의 진리가 있을 뿐이다. 그것은 서
로 사랑하는 것이다.

_로맹 롤랑

🐚   현대 프랑스의 소설가 로맹 롤랑(Romain Rolland,
1866~1944)은 사랑을 통해 현실의 초월을 추구한 많은 소설과 평
전을 남겼습니다. 그는 수많은 위인의 삶과 자신의 사랑을 통해
사랑이 진리라고 말합니다. 인도 철학에도 심취했던 그는 사람
들 사이의 사랑만이 아니라 살아 있는 모든 것을 사랑하는 것이
정신의 본능이라고 말합니다. 그것이 자신에게 선을 행하든 악
을 행하든, 생명 있는 것들을 보다 많이 사랑하라고 합니다.

그대 내게 입 맞추지 않으면

샘물은 강물과 하나 되고
강물은 바다와 하나 되며
하늘의 바람은 끊임없이
다정한 정으로 뒤섞이네.
세상에 홀로인 것 없으니
만물이 신의 섭리 따라
한 마음으로 만나 섞이기 마련이라
내가 왜 그대와 섞이지 못하랴.

보라 산이 높은 하늘과 입 맞추고
파도가 서로를 껴안는구나.
누이꽃이 아우꽃을 경멸하면
누이꽃은 용서받지 못하리라
햇빛이 대지를 얼싸안고
달빛은 바다와 입 맞추네.
하나 달디단 이 모든 것 무슨 소용 있으랴
그대 내게 입 맞추지 않으면.

_퍼시 비시 셸리

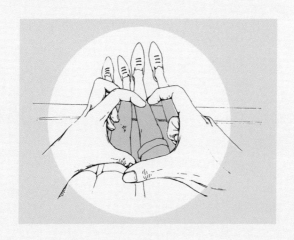

19세기 영국의 낭만파 시인 퍼시 비시 셸리(Percy Bysshe Shelley, 1792~1822)가 〈사랑의 철학〉이라고 제목을 붙인 이 시는 이 책의 주제이기도 합니다. 그가 말하는 사랑의 철학이란 만물이 짝을 이루듯이 인간도 짝을 찾아야 한다는 지극히 단순한 것입니다. 우리 모두의 사랑의 철학도 그처럼 단순한 것 아닐까요?

기뻐하는 법을 배우라

기쁨 속에만 사랑이 있고 사랑하는 속에서만 기뻐할 수
있다.
_앙드레 콩트 스퐁빌

🐚 　　콩트 스퐁빌은 철학이란 살고 즐기고 기뻐하는 법을
배우는 것, 다시 말해 사랑하는 법을 배우는 것이라고 합니다.
그리고 삶의 길은 최선을 다해 이기적인 사랑에서 행복의 동의어
인 기쁨을 누리는 사랑, 주는 사랑으로 나아가는 데 있다고 합니
다. 우리의 위대함과 풍족함은 우리가 베푸는 사랑의 양에 달려
있습니다.

삶의 활력소

사랑의 진정한 진가는 사람에게 일반적인 생활력을 증대
시키는 데 있다.

_폴 발레리

20세기 프랑스의 시인 폴 발레리(Paul Valéry, 1871~1945)
는 사랑의 진가를 생활력의 증대라고 말합니다. 삶의 활력소라
는 뜻이겠지요.

Summer of Love 089

사랑이 아무리 달콤하다 해도

모든 사랑은 달콤하며 주고받을 수 있는 것.
이런 달콤함을 일으킬 수 있는 사람은 행운아.
하지만 이것을 잘 느낄 수 있는 사람은 영원히 행복한 사람.
_퍼시 비시 셸리

사랑의 시인 셸리는 사랑은 주고받는 것이기에 달콤하다고 노래하며 그것을 불러일으키고 잘 느끼는 인간이 갖는 사랑의 능력을 찬양합니다. 사랑이 아무리 달콤하다고 해도 그것을 스스로 만들어 내고 느끼지 못한다면 행복하지 못하다고 노래합니다. 사랑의 자발성과 창조성에 대한 찬가라고 할 수 있습니다.

구하지 않고 받는 사랑은 축복

구하여 얻은 사랑은 좋다. 구하지 않았는데 받게 되는 사랑은 더욱 좋다.
_윌리엄 셰익스피어

16~17세기 영국의 극작가이자 시인인 윌리엄 셰익스피어(William Shakespeare, 1564~1616)의 《12야》에 나오는 말입니다. 추구하여 얻는 사랑보다 자연스럽게 받는 사랑이 더 큰 축복일지 모릅니다. 셰익스피어는 "사랑은 그림자같이 실체가 없고 쫓아가면 달아나며 달아나면 쫓아온다", "사랑이란 표시되지 않으면 흔히 잊히는 법이다"라고 했습니다. 마음속의 사랑은 쉽게 잊힙니다. 따라서 가능하다면 그 사랑을 표현해야 합니다. 또한 그는 "얼마나 사랑하는지 헤아릴 수 있는 사랑은 거지처럼 초라한 것이다"라고도 했습니다.

사랑은 나의 종교

사랑은 나의 종교다. 나는 사랑을 위해 죽을 수 있다.
_존 키츠

19세기 영국의 낭만주의 시인 존 키츠(John Keats, 1795~1821)가 사랑을 위해 죽을 수 있다고 한 낭만적인 이야기는 사랑의 위대함을 강조한 것이지 자살을 권유한 것이 아닙니다. 그는 "당신이 사랑해야만 진실이 된다"라는 말을 남겼을 정도로 사랑을 숭배한 시인이었습니다. 특히 패니 브론(Fanny Brawne)과의 사랑은 유명합니다. 1820년 그녀에게 보낸 사랑의 편지에서 "나는 무조건적으로 그대를 영원히 사랑하오", "그대가 없는 방에서 내가 숨 쉬는 공기는 해로울 뿐이오"라는 등의 구절로 그녀의 사랑을 얻어 약혼까지 했지만, 결혼하지 못한 채 스물여섯 살의 나이로 곧 죽었습니다.

죽음을 허용하는 것은 사랑뿐

남자든 여자든 오로지 사랑만이 자기 애인을 위해 감히
죽도록 한다.
_플라톤

🍂　　　2,500년 전의 플라톤이 남녀의 구분 없이 모두 사랑을
위해 죽을 수 있다고 말한 것은 놀랍습니다. 왜냐하면 그 후 지금
까지 많은 사람들이 남녀의 마음이 다르다고 주장해 왔기 때문입
니다.

죽음보다 강한 것

죽음보다 강한 것은 이성이 아니라 사랑이다.

_토마스 만

🐾   독일의 소설가 토마스 만(Thomas Mann, 1875~1955)은 독
일의 상징처럼 된 이성보다 사랑을 중시했습니다. 이는 이성적
인 시민 사회의 몰락을 뜻하는 것이기도 했습니다. 토마스 만은
20세기 초엽 유럽에서 유행한 계약 결혼, 욕망의 억제, 파트너
교환 등을 시민 계급의 실용주의라고 비판하면서 아직은 사랑과
결혼이 필요하다고 주장했습니다.

사랑의 힘

참된 사랑의 힘은 태산보다 강하다. 그러므로 그 힘은 거대한 힘을 가지고 있는 황금일지라도 무너뜨리지 못한다.

_윌리엄 셰익스피어

🍵　　셰익스피어는 "진정한 사랑의 길은 험한 가시밭길이다"라고 말합니다. 진실한 사랑의 길은 결코 평탄하지 않다는 것이지요. 또 "그녀는 아름답다. 따라서 남자가 구애하는 것은 당연하다. 그녀는 여자다. 따라서 설득되지 않을 리 없다"라고 했습니다.

사랑의 숲

우린 순수를 생각했었다
나란히 걸으며
우린 서로 손을 잡았다
말없이… 이름 모를 꽃들 사이에서

우린 약혼자처럼 걸었다
둘이서, 목장의 푸른 밤 속을
그리고 나눠 먹었다. 저 꿈나라 열매
취한 이들이 좋아하는 달을

그리고 우린 이끼 위에 쓰러졌다
둘이서 아주 멀리, 소곤거리는 친밀한
저 숲의 부드러운 그늘 사이에도
그리고 저 하늘 높이, 무한한 빛 속에서

우린 울고 있었다
오 사랑스러운, 말 없는 나의 반려여
_폴 발레리

폴 발레리는 이 시 〈사랑의 숲〉에서 사랑의 순수함을
노래합니다. 사랑하는 사람들은 꿈나라 열매를 나눠 먹는다는
구절이 참 아름답습니다. 그러나 그런 행복 속에서 왜 울까요?
세상이 그런 순수함을 허용하지 않기 때문일지도 모릅니다.

사랑은 선악을 초월한다

사랑으로 하는 일은 언제나 선악을 초월한다.

_프리드리히 니체

🐾　　　니체는 "사랑이란 관능이 정신화된 것"이라고 하고 그런 사랑은 선악을 초월한다고 말합니다. 그러나 사랑은 어디까지나 선이지 악이 아니라고 생각됩니다. 도리어 사랑은 의무나 금기를 초월한다고 할 수 있습니다.

사랑의 법

연인들에게 누가 법을 줄 수 있겠는가? 사랑은 모든 법
보다 더 중대한 법이다.

_안치우스 보에티우스

🐚　　《철학의 위안》으로 유명한 로마의 철학자 안치우스 보
에티우스(Ancius Boethius, 470?~524)는 사랑은 세속의 법을 초월하
는 법이라고 말합니다. 즉 신의 법에 가까운 것이 사랑의 법이라
는 것입니다. 이 말은 "사랑하는 사람들에게 누가 법 따위를 부
과할 수 있을 것인가. 사랑은 그 자체가 이미 위대한 법이다"라
고도 번역되는데, 어느 것이나 사랑은 현실을 초월하고, 특히 법
적인 제한을 초월한다는 뜻입니다. 이는 사랑의 위대함을 강조
한 것이지만 현실적으로는 사랑이 법의 제한을 받는 경우도 있습
니다. 따라서 사랑은 그 법을 초월할 수 없습니다. 그러나 사실
사랑에 대해 법이 관여한다는 것 자체가 문제입니다. 따라서 법
이 사랑에 관여하는 경우에는 최소한에 그쳐야 합니다.

사랑을 회피하는 사람

이 세상에서 가장 구역질나고 비열한 사람은 예의와 도
덕을 핑계 삼아 사랑의 모험을 회피하려는 사람이다. 그
는 자신의 안전과 안일을 자애라는 가장 고귀한 것보다
더 중시하는 인간이다.

_헨리 루이스 멘켄

20세기 미국의 언론인으로 문학에도 깊은 영향을 끼친
헨리 루이스 멘켄(Henry Lewis Mencken, 1880~1956)은 예의와 도덕
을 초월하는 사랑의 모험을 권합니다. 그러면서도 그는 "사랑에
빠지는 것은 감각적 마비 상태에 빠지는 것, 즉 보통 남자를 그리
스의 신으로, 보통 여자를 여신으로 착각하는 것에 불과하다"라
고 했습니다. 우리는 사랑에 빠질 때 서로를 신처럼 숭배한다고
말합니다. 그러나 그것이 단순히 감각의 마비라고 할 수 있을까
요? 도리어 감각의 승화라고 보면 어떨까요?

멘켄은 "연애는 전쟁 같은 것이다. 시작하는 것은 용이하지만,
그만두는 것은 곤란하다", "연애란 한 여성이 다른 여성과는 다
르다고 하는 망상이다"라는 말을 남겼습니다.

모든 것은 사랑 안에서

사랑하고 네가 원하는 것을 하라.
침묵한다면 사랑하기 때문에 침묵하라.
말한다면 사랑하기 때문에 말하라.
비난한다면 사랑하기 때문에 비난하고
네가 용서를 빈다면 사랑으로 용서를 빌어라.
사랑의 뿌리는 너의 심장 내부다.
이러한 뿌리에서는 미덕 이외에 아무것도 나오지 않는다.
_아우렐리우스 아우구스티누스

중세 로마의 철학자 아우렐리우스 아우구스티누스
(Aurelius Augustinus, 354~430)는 사랑은 아무런 대가 없이 줄 때만
받을 수 있고, 사랑은 동정과 자선을 넘어서는 미덕이라고 찬양
합니다. 말하고 침묵하고, 비난하고 용서하는 모든 것이 사랑 안
에서 이루어지고, 인간의 활동력은 인간에게 다른 얼굴을 선사
하는 미덕이라고 합니다.
물론 그가 말하는 사랑은 신에 대한 사랑을 포함하는 것이지만
인간의 사랑에도 해당되는 것입니다. 아우구스티누스는 "주여,
우리에게 순결을 주시옵소서, 그러나 지금 바로는 아닙니다"라
고 하고, "질투를 느끼지 않는 사람은 사랑하지 않는 것이다"라
고 하여 인간적인 사랑에 대한 지혜도 보여 줍니다.

이성과 사랑

무분별하지 않은 애인은 애인이 전혀 아니다.
_토머스 하디

🐾　　　19세기 영국의 소설가이자 시인 토머스 하디(Thomas Hardy, 1840~1928)는 사랑에 빠지면 누구나 분별력과 이성을 잃을 수 있다고 말합니다. 그렇다고 그의 사랑을 의심할 수 있을까요? 물론 극단적인 분별의 상실은 문제가 될 수 있지만, 사랑의 이름으로 어쩔 수 없이 빠지는 무분별은 사랑을 더욱 강하게 하지 않을까요?

사랑의 네 가지 얼굴

사랑에 대한 대가들의 가르침에 의하면 사랑에는 다음
네 가지가 있다.
첫째, 끊임없는 습관에서 발전한 사랑
둘째, 상상력에서 나온 사랑
셋째, 자신을 믿고 타인을 믿는 데서 나온 사랑
넷째, 모습이나 형태를 관찰한 것에서 나온 사랑
_말라나가 바츠야야나

🌿　　　4~5세기경 인도의 철학자 말라나가 바츠야야나
(Mallanaga Vatsyayana)가 쓴 《카마수트라》에 실린 글입니다. 인도의
성경(性經) 또는 성전(性典)이라고 하는 《카마수트라》는 사랑에 대
한 철학서이기도 합니다. 카마수트라는 성애(性愛), 애욕, 의욕,
자의식의 표징을 뜻하는 카마(kama)와 경전이라는 뜻의 수트라
(sutra)의 합성어입니다. 고대로부터 인도에서 성애는 실리(artha),
도덕(dharma)과 함께 속세의 3대 목표였는데, 이 책은 당시까지의
성애에 관한 학설을 모은 것입니다. 그 책에서는 "남자는 몸을
섞기만 하면 욕망을 진정시킬 수 있지만, 여자는 욕망을 의식하
는 것으로부터도 희열을 느낀다"라고 합니다.

매일 새롭게

사랑은 바위처럼 가만히 있는 것이 아니다. 사랑은 빵처럼 늘 새로 다시 만들어야 한다.

_어슐러 크로버 르 귄

🌿　　　　세계적인 판타지 작가 어슐러 크로버 르 귄(Ursula Kroeber Le Guin, 1929~)은 환상 문학의 대가이지만 사랑은 언제나 새롭게 해야 한다는 지극히 현실적인 사랑 철학을 말합니다. 매일 아침이 새로 찾아오듯 우리의 사랑도 매일 새롭게 만드는 것이면 얼마나 좋을까요?

사랑은 두 눈 속에

젊은이들의 사랑은 참으로 마음이 아니라 두 눈 속에 있다.
_윌리엄 셰익스피어

셰익스피어가 마음보다 눈으로 하는 사랑을 젊은이의 사랑이라고 말하는 것은 그 사랑을 경멸하는 의미가 아닐 것입니다. 직관적 본능에 충실한 젊은이들이 한눈에 반하는 사랑을 나누는 것을 경박하다고 할 수는 없습니다. 셰익스피어는 "진실한 연애를 하는 사람은 모두 첫눈에 사랑을 한다"라고 했습니다. 또한 "아무 가치 없는 것도 연애하는 사람이 보면 훌륭한 형태를 갖는다. 사랑은 눈이 아니라 마음으로 본다"라고 했습니다.

술은 입으로 사랑은 눈으로

술은 입으로 들어오고 사랑은 눈으로 들어온다. 우리가
늙어 죽기 전에 알 수 있는 진리는 그것뿐이다.

_윌리엄 버틀러 예이츠

🍂　　　20세기 아일랜드의 시인 윌리엄 버틀러 예이츠(William
Butler Yeats, 1865~1939)가 사랑과 술을 찬양한 낭만적인 말입니다.
사랑을 눈이 아니라 마음으로 한다는 셰익스피어와 달리 예이츠
는 눈으로 한다고 합니다. 시대가 변해서일까요?

최고의 삶

쾌락 없는 사랑은 얼마나 고통스러운가!
사랑 없는 쾌락은 얼마나 천박한가!
그러나 두 가지가 하나로 되면
우리에게 최고의 삶을 가져오리니.

_게오르크 프리드리히 다우머

🍃　　　19세기 독일의 종교 철학자이자 시인인 게오르크 프리
드리히 다우머(Georg Friedrich Daumer, 1800~1875)는 사랑과 쾌락의
조화를 추구합니다. 위 구절은 그가 페르시아 시인 하피즈(Hafez)
에 대해 쓴 〈하피즈〉에 나오는 것으로, 이슬람교의 지혜를 반영
하고 있습니다.

연애와 욕망의 상관관계

성 본능 없이는 어떤 연애도 존재하지 않는다. 연애는 마치 범선이 바람을 이용하는 것처럼 그 거친 힘을 이용한다.
_호세 오르테가 이 가세트

🍂　　　20세기 스페인의 철학자로 《사랑에 관한 연구》라는 책을 쓴 호세 오르테가 이 가세트(José Ortega y Gasset, 1883~1955)는 연애에는 성적인 욕망이 필연적으로 따른다고 보았습니다.

누구나 쾌락에 약하다

누구나 자기가 좋아하는 쾌락에 끌려간다.

_푸블리우스 베르길리우스 마로

🍃   고대 로마의 시인 베르길리우스는 인간은 누구나 쾌락의 추구에 약하다고 말합니다. 즉 사랑에 있어서도 쾌락의 길로 빠지기 쉽다는 것입니다. 고대 로마에서는 쾌락을 인간에게 자연스러운 것으로 보았습니다.

욕망이 머리를 들 때

우리가 연정을 가지고 누군가를 사랑하게 되면 지금까지
줄곧 마음속 구석에 도사리고 있던 욕망이 서서히 머리
를 치켜들기 시작한다.

_엘리자베스 보언

20세기 영국의 소설가 엘리자베스 보언(Elizabeth Bowen,
1899~1973)은 "절망이란 것에는 매우 과장된 구석이 있어서 그 절
망이 일종의 부풀려진 장식품이란 것을 알기 위해서는 제법 냉철
한 마음이 있어야 한다"라고 말했습니다.

사랑과 성애

사랑을 위해서 성애를 강요해서도 안 되고 성애를 위해
서 사랑을 강요해서도 안 된다.

_메리 매카시

미국의 소설가이자 비평가 메리 매카시(Mary McCarthy,
1912~1989)는 결혼, 성적 표현, 지식인의 무기력, 현대 미국 도시
에서 여성의 역할 등에 관한 매서운 풍자적 논평으로 유명합니다.

충동과 규제 사이

누구나 상대적인 두 개의 충동에 굴복하고 있다. 하나는
성적 충동이고, 또 하나는 그것을 규제하는 사회에 대한
공포심이다.

_허버트 마르쿠제

독일 태생의 미국 철학자 허버트 마르쿠제(Herbert
Marcuse, 1898~1979)는 근대의 발달된 기술이 물질적인 만족을 가
져다준 것은 사실이지만 지적 · 정신적으로 예속 상태를 초래했
다고 보았습니다.

쾌락은 한순간에 지나간다

쾌락은 이슬방울처럼 약해서 웃는 동안에 사라진다.

_라빈드라나트 타고르

🐾　　　쾌락은 너무나 허무합니다. 한순간에 지나갑니다. 우리들의 마음에 남기는 것도 없습니다. 따라서 지나치게 쾌락만을 추구하는 것은 위험합니다.

쾌락은 독사와 같다

쾌락과 복수심은 올바른 판단에 대해 독사처럼 귀머거
리다.

_윌리엄 셰익스피어

🐾　　　사랑을 쾌락으로만 추구하거나 사랑이 끝난 뒤 복수욕
에 빠지면 우리의 이성을 마비시키는 독사와 같은 결과를 낳습니
다. 따라서 사랑을 할 때와 사랑을 끝낼 때는 쾌락과 복수심이 아
니라 올바른 이성적 판단을 내리도록 노력해야 합니다.

쾌락만을 좇으면

쾌락은 악행의 가장 큰 촉진제다.
_플라톤

🐚   사랑을 쾌락으로 삼는다면 나쁜 결과를 초래하기 쉽습니다. 사랑의 쾌락이 없을 수는 없지만 쾌락만을 추구해서는 안 된다고 플라톤은 경고합니다. 그는 "곤란한 것은 정신보다 육체를 사랑하는 속된 애인이다"라고 했습니다. 육체적 사랑이 가장 낮은 사랑이라고 본 것입니다.

플라톤이 정의한 사랑의 네 가지 단계는 육체적 사랑(Eros), 도덕적 사랑(Philia), 정신적(신앙적) 사랑(Stergethron), 그리고 무조건적인 사랑(Agape)입니다. 플라톤의 주장을 따르면 사랑은 육체적인 사랑에서 무조건적인 사랑으로 서서히 발전해 갑니다.

쾌락은 선인가, 악인가

어떤 사람은 쾌락을 최고의 선이라고 하고,
또 어떤 사람은 오로지 악이라고 말한다.
_아리스토텔레스

🌿　　　　아리스토텔레스의 《니코마코스 윤리학》에 나오는 말
입니다. 그는 인간의 쾌락에 대해 양면적인 견해가 있다고 봅니
다. 아리스토텔레스는 "관조적인 삶이야말로 최고의 선(善), 바로
행복이다"라고 했습니다. 덕을 따른 활동 중에서 지혜에 대한 사
랑, 즉 철학적 활동이 가장 순수하고 견실한 쾌락을 제공해 준다
고 보았습니다. 또한 이성은 무엇보다 인간을 인간되게 하기 때
문에 인간은 이성에 따르는 생활이 가장 좋고 즐겁다고 했습니
다. 또한 이러한 생활이 가장 행복한 생활이라고 주장했습니다.

정신과 육체

이미 교부들이 주장했듯이
인간의 상반신은 신이 만들고
하반신은 악마가 만든 것이다.

_아르노 슈미트

독일의 소설가 아르노 슈미트(Arno Schmidt, 1914~1979)
의 《학자의 공화국》에 나오는 말입니다. 슈미트는 정신과 육체를
신과 악마에 비유하지만 그 둘은 모두 인간의 일부입니다.

입술의 존재 이유

입술은 경멸이 아니라 키스를 위해 만들어진 것이다.

_윌리엄 셰익스피어

      윌리엄 셰익스피어는 로미오와 줄리엣을 비롯하여 인류의 영원한 연인들을 창조했습니다. 입술만이 아니라 인간의 모든 신체 부위는 사랑을 위한 것이지, 경멸하기 위한 것이 아닙니다. 셰익스피어는 "훌륭한 웅변가는 말문이 막히면 침을 뱉는다. 연인들은 말문이 막히면 키스하는 것이 가장 좋은 모면책이다"라고 했습니다. 말문이 막히기 때문이 아니라 말이 필요 없기 때문에 연인들은 키스를 하는 것 아닐까요? 아무리 위대한 웅변도 연인들의 키스보다 못할 것입니다. 말보다는 사랑하는 마음이 더 중요하니까요.

키스는 어두운 곳에서

어둠 속에서 훔치고
어둠 속에서 돌려주는 키스
그런 키스는 얼마나 즐거운 기분으로 하는 것인가
만일 마음이 사랑하고 있다면!

_하인리히 하이네

🐾　　독일의 낭만파 서정시인 하인리히 하이네(Heinrich
Heine, 1797~1856)의 〈키스〉입니다. 키스를 밝은 곳에서보다 어둠
속에서 하는 것은 처음이거나 두렵거나 부끄럽거나 하기 때문 아
닐까요? 사랑하는 사람과의 첫 키스만큼 아름답고 짜릿하고 즐
거운 것이 또 있을까요?

Summer of Love 118

사랑의 열쇠

키스는 사랑의 열쇠고 폭행은 자물쇠다.

_로버트 번스

🐚   18세기 스코틀랜드의 시인 로버트 번스(Robert Burns, 1759~1796)는 졸업식 때 흔히 부르는 노래 〈올드 랭 사인〉으로 우리에게도 친숙한 인물입니다. 키스와 폭행을 사랑의 양극으로 본 점에서 교훈적입니다.

맹세보다는 키스를

오오, 맹세는 하지 말고 오로지 키스만!
여자의 약속은 절대 믿지 않으리

그대 말 달콤하지만 키스는 더욱 달콤해
나는 그대 키스 어디서나 간직하리

맹세란 빈 바람과 같은 것
아니, 내 말을 취소하리

그대는 당당하게 맹세하고 또 사랑하라
그러면 내가 그대 가슴에 머리 기댄 채

그대의 하인이 되고 영원한 신뢰 속에서
축복받은 그대 용서를 감히 받으리

그러면 내가 신뢰하는 동안
아니, 그보다 더 먼 훗날까지도

그대는 나를 사랑할 것이니
_하인리히 하이네

하이네는 키스가 말이나 맹세보다 더 소중하다고 노래하지만, 사실은 사랑의 맹세를 더욱더 바라는 심정을 노래한 〈맹세보다는 키스를〉입니다. 아마도 사랑으로 인해 여러 가지 고통을 겪는 경험에서 나온 시일 것입니다. 하이네는 병상에 있던 쉰여덟 살 때 스물일곱 살의 엘리제 클리니츠를 만나 사랑하며 노래했습니다. "너는 꽃이었다, 사랑하는 소녀야, / 키스만 하여도 나는 너를 알 수 있었지. / 어느 꽃의 입술이 그렇게 보드랍고, / 어느 꽃의 눈물이 그렇게 뜨거우랴!"

키스의 의미

두 손에 키스하는 건 존중의 표시
이마에 키스하는 건 우정의 표시
뺨에 키스하는 건 만족의 표시
입에 키스하는 건 애정의 표시
감은 눈에 키스하는 건 동경의 표시
손바닥에 키스하는 건 요망의 표시
팔이나 목덜미에 키스하는 건 욕정의 표시
그 밖에 어디든 키스하는 건 그냥 흥분의 표시!
_프란츠 그릴파르처

🦋   19세기 오스트리아의 극작가이자 소설가 프란츠 그릴파르처(Franz Grillparzer, 1791~1872)는 가정도 아이도 갖지 못한 불행한 예술가로, 주로 《메데이아》와 같은 비극을 썼습니다. 서양에서는 키스에 대해 이러한 분류가 가능할지 모르지만 우리가 반드시 그렇게 해야 한다는 법은 없겠습니다. 위 마지막 구절의 끝부분은 흔히 '미친 짓'으로 번역되지만 잘못입니다. 그는 불행하게 살았지만 "산다는 것이 뭐라고 해도 인생의 최고 목표이다"라고 했을 정도로 삶에 긍정적이었습니다. 또한 그는 "사랑으로 인한 고통은 얼마나 감미로운 것인가!"라고 했습니다.

남자의 키스, 여자의 키스

남자가 최후의 키스조차 벌써 잊고 있는 경우라도 여자
는 최초의 키스를 기억한다.

_레미 드 구르몽

🐚　　　프랑스의 시인이자 소설가 레미 드 구르몽(Rémy de
Gourmont, 1858~1915)은 "시몬, 나뭇잎새 져 버린 숲으로 가자 / 낙
엽은 이끼와 돌과 오솔길을 덮고 있구나. / 시몬, 너는 좋으냐? 낙
엽 밟는 소리가"로 유명한 시 〈낙엽〉의 작가입니다. 그는 "남자
는 사랑을 사랑하는 것으로 시작해서 여자를 사랑하는 것으로 끝
난다. 여자는 남자를 사랑하는 것으로 시작해서 사랑을 사랑하
는 것으로 끝난다"라는 말도 했습니다. 그는 모든 진실은 상대성
을 갖는다고 생각했는데, 남녀의 사랑에 대한 태도도 상대적으
로 보았습니다.

Summer of Love 122

사랑이 위험한 이유

사랑에 빠지면 누구나 장님이 된다.

_섹스투스 프로페르티우스

🌸 　　기원전 1세기 고대 로마의 비가 시인 섹스투스 프로페르티우스(Sextus Propertius, 기원전 50?~기원전 16?)는 누구나 사랑으로 눈이 멀어진다는 동서고금의 보편적인 경험을 말합니다. 사랑에 빠지면 그 상대방만 보일 뿐 주위 다른 것은 아무것도 보이지 않습니다. 그 사람의 약점은 보이지 않고, 그저 그 사람이 내 곁에 있다는 것만으로도 행복하기에 장님이 된다는 것인데, 사랑에 빠진 사람의 심리 상태를 표현하면서 그 위험성을 경고한 말입니다. 그는 "뱃사람의 이야기는 폭풍의 이야기이고, 농부의 이야기는 자기 황소에 관한 것이며, 병정은 자기의 상처에 관해 이야기하고, 목동은 자기의 양 떼에 관해 이야기한다"고 했는데, 사랑에 빠진 사람도 사랑에 대한 이야기만 하겠지요.

그는 "각자는 자기 길을 택할 줄 알아야 한다", "마음으로 얻은 명성은 쇠락할 일이 없다"라고도 말했는데, 사랑이란 자신의 선택이고, 마음으로 해야 하는 것이라고 할 수 있습니다.

Summer of Love 123

연애와 술의 공통점

연애는 술과 같다. 첫 번째 키스는 너무나 황홀하고, 두 번째 키스는 친밀하고, 세 번째 키스는 습관적이고, 그다음에는 여자의 옷을 벗기는 것이다.

_레이먼드 챈들러

🐾 　　현실의 냉혹하고 비정한 일을 감정 표현을 억누르고 간결한 문체로 묘사한 미국의 추리소설가 레이먼드 챈들러(Raymond Chandler, 1888~1959)는 고독한 탐정 필립 말로를 주인공으로 한 작품들로 유명합니다. 특히 현실의 냉혹하고 비정한 일을 감정 표현을 억누르고 간결한 문체로 묘사하는 하드보일드 문체로 1930년대 미국 소설에 큰 영향을 미쳤습니다. 키스에 대한 위 구절에도 그런 냉정함이 묻어납니다. 그는 "안녕을 말하는 것은 잠시 죽는 것이다"라는 소설 구절로도 유명합니다.

바람둥이의 연애

연애의 즐거움은 요컨대 상대가 바뀐다는 점에 있다.
_몰리에르

🐚　　　17세기 프랑스의 대표적인 희극 작가 몰리에르(Molière, 1622~1673)의 《돈 주앙》에 실린 글입니다. 몰리에르는 귀족 사회를 겨냥해 인간의 탐욕과 위선을 신랄하게 풍자한 것으로 유명합니다. 《돈 주앙》은 스페인 민담 속에서 숱한 여성을 농락하며 자유롭게 살다 간 돈 주앙(스페인어로는 돈 후안)을 주인공으로 한 작품입니다. 위 구절은 《돈 주앙》에 나오는 바람둥이 주인공의 독백이지만 단순히 바람둥이의 경우만은 아닐 것입니다.

몰리에르는 "사랑 없이 사는 것은 정말로 사는 것이 아니다", "사랑은 사람들을 재주꾼으로 만든다"라고 사랑을 찬양했지만 "유식한 바보야말로 무식한 바보보다 더욱 바보다", "다른 사람들을 비난하려고 생각하기 전에 자기 자신을 충분히 살펴보아야 한다", "고통이 크면 클수록 그 고통을 이겨 내는 명예는 더욱 크다", "나는 완벽한 덕보다 융통성 있는 악덕을 더 사랑한다" 등과 같은 많은 명언을 남겼습니다.

여자들이 사랑한 남자

돈 후안은 여자를 사랑한 남자가 아니라, 여자들이 사랑
한 남자이다.
_호세 오르테가 이 가세트

🦋　　돈 후안은 1,500명의 여성을 유혹했다는 스페인의 유
명한 바람둥이로, 독일어권에서는 모차르트의 오페라처럼 돈 조
반니, 영어권에서는 조니 뎁 주연의 영화 제목처럼 돈 주앙이라
고 합니다. 오르테가 이 가세트는 돈 후안을 모차르트 오페라처
럼 묘사했지만, 영화의 조니 뎁은 반대로 여성을 숭배한 돈 후안
입니다.

바람둥이의 비극

돈 후안의 참된 비극은 한 번도 사냥꾼이었던 적이 없고,
언제나 사냥물에 불과했다는 점에 있다.

_조지 버나드 쇼

돈 후안을 높이 평가한 오르테가 이 가세트와 달리 버
나드 쇼는 돈 후안을 낮게 풍자합니다. 사랑을 스스로 한 것이 아
니라 항상 사랑을 당한 것이 비극이라는 것입니다. 그러니 사랑
을 당하기 어려운 처지의 우리도 그런 비극을 맞지 않았음을 다
행으로 생각하고 행복해해야 합니다.

Summer of Love 127

바람둥이는 단편만 읽는다

플레이보이는 장편 소설을 모르고 언제나 단편 소설밖에
체험하지 못하는 자이다.
_에리카 브루알

오스트리아의 여배우이자 샹송 가수 에리카 브루알
(Erika Blueal, 1930~)은 주변에 들끓는 플레이보이들을 관찰해 그
들의 생각이 얼마나 얕고 짧은지 폭로합니다. 그녀도 단편이 아
니라 장편을 아는 남자, 즉 호흡이 긴 남자를 바랐을 것입니다.

바람둥이가 되는 이유

플레이보이란 대개 엉거주춤한 자들이다.

_자 자 가보르

🍂　　　헝가리 출신의 원로 배우 자 자 가보르(Zsa Zsa Gabor, 1917~)가 한 말입니다. 플레이보이란 소신을 갖는 남자가 아니라는 뜻입니다. 아마도 어떤 여성에 대해서도 확신을 갖지 못하거나 만족하지 못하기 때문이겠지요.

바람둥이가 생각하는 것

플레이보이는 항상 여자만을 생각하지는 않는다. 그렇지
만 무엇인가 생각하게 되면 반드시 여자를 생각한다.
_알베르토 소르디

🐾 　　이탈리아의 저명한 국민 배우이자 코미디언인 알베르
토 소르디(Alberto Sordi, 1920~2003)는 평생 독신으로 지내면서 많
은 스캔들을 일으킨 플레이보이입니다. 그러니 위의 말은 그 자
신의 고백일까요? 아니면 그 자신을 포함한 플레이보이에 대한
풍자일까요? 여하튼 모든 남자가 플레이보이일 수는 없고, 플레
이보이일 필요도 없습니다.

바람둥이가 싫어하는 것

플레이보이란 지루함을 못 견딘다.
그렇다고 하여 금방 나서려고 하지도 않는다.
_장 폴 벨몽도

🍃　　　　장 폴 벨몽도(Jean-Paul Belmondo, 1933~)는 미국의 제임
스 딘과 비교되는 프랑스의 청춘스타로, 알랭 들롱과 함께 인기
가 높았지만 알베르토 소르디와 달리 결혼했으니 전형적인 플레
이보이라고는 할 수 없을지 모릅니다. 그러나 누구보다도 플레
이보이의 심리를 잘 표현한 이 말은 우리가 플레이보이와 인연이
먼 것을 행복하게 느끼도록 해 줍니다.

나뭇잎의 빛깔이 짙어지듯 두 사람이 함께 성숙해지는 관계에 대한 말들. 새뮤얼 스마일스는 남녀 모두 성숙하기 위해서는 사랑이 필요하다고 말한다. 행복한 관계에 도움이 되는 말들이 담겨 있는데 특히 에리히 프롬, 피히테 등 많은 이들이 '존중'을 가장 중요한 가치로 꼽는다. 관계의 완성이라 할 수 있는 결혼 생활에 필요한 조언도 담겨 있다.

사랑의 가을

...

오직 사랑만이 우리를 성숙하게 한다

계속 성숙해 가는 사랑

참된 사랑은 평생 동안 익는 과일이다.

_알퐁스 드 라마르틴

🌱　　　19세기 프랑스의 소설가 알퐁스 드 라마르틴(Alphonse de Lamartine, 1790~1869)은 평생 성숙해야만 참된 사랑이 된다고 말합니다. 사랑은 순간이 아니라 영원하다는 것도 바로 그런 의미 아닐까요?

인간은 사랑할 때 성숙해진다

사랑을 알기까지는 여자도 아직 여자가 아니고, 남자도 아직 남자가 아니다. 따라서 사랑은 남녀 모두가 성숙하기 위해 서로 필요한 것이다.

_새뮤얼 스마일스

19세기 스코틀랜드의 작가 새뮤얼 스마일스(Samuel Smiles, 1812~1904)는 《자조론》으로 유명합니다. 그는 "서로의 존중 없이는 진정한 사랑이 지속될 수 없다. 존중 없는 사랑은 후회를 낳는다. 그것은 고결한 영혼을 지닌 이들에게는 가치가 없다"고 했습니다.

사랑이 우리를 위대하게 만든다

인간의 사랑은 인간의 위대한 영혼을 더욱 위대한 것으로 만든다.

_프리드리히 폰 실러

🌿   독일의 대문호 괴테의 친구로, 시인이자 극작가인 요한 크리스토프 프리드리히 폰 실러(Johann Christoph Friedrich von Schiller, 1759~1805)는《빌헬름 텔》을 썼습니다. 그는 아내에게 "내 존재 전부를, 내 안의 모든 것을, 내 가장 소중한 전부를 그대에게 바칩니다. 내가 스스로 고결해지기 위해 노력하는 것은 그대에게 좀 더 어울리는 사람이 되기 위해서이고, 그대를 한층 더 행복하게 해 주기 위해서입니다"라고 말하기도 했습니다.

Autumn of Love 134

자신을 대하듯이 사랑하라

사랑은 분신을 만드는 일이다. 자기 자신을 대하듯이 사
랑을 베풀어야 한다.

_발타사르 그라시안 이 모랄레스

그라시안은 "사랑의 비결은 예의 바른 행동이다", "사
랑은 사랑하는 이를 위해 기꺼이 봉사하며, 거만한 마음으로 배
척하지 않으면 된다", "사랑은 상대방의 마음속에 불러일으키는
열정보다 오히려 자기가 품은 정열 때문에 좀 더 행복하다"라고
말했습니다. 또한 "사랑하는 사람을 위하여 죄를 저지르는 것은
어떠한 경우에도 허락될 수 없는 수치스러운 행동이다", "사랑의
첫 번째 계명, 먼저 희생하라. 사랑하는 사람을 위해서 기꺼이
희생할 수 있어야 한다. 자기 희생은 사랑의 고귀한 표현이기 때
문이다"라고 했습니다. "이해관계에 의한 만남은 사랑이 아니라
거래에 불과하다"라고도 말했습니다.

같은 곳을 향해 가는 사랑

사랑한다는 것은 둘이 마주 보는 것이 아니라 함께 같은
방향을 바라보는 것이다.
_앙투안 드 생텍쥐페리

20세기 프랑스의 소설가 앙투안 드 생텍쥐페리(Antoine
de Saint-Exupéry, 1900~1944)의 이 명언은, 사랑이란 같은 이상을
향해 가는 두 사람의 추구라고 합니다. 그는 "사랑이란 내가 베
푸는 만큼 돌려받는 것이다. 깊은 사랑을 받을 수 있는 방법은 자
기가 가진 모든 것을 기꺼이 바치는 일이다. 내가 가지고 있는 모
든 것을 다 내주었지만 그 대가로 아무것도 되돌려 받지 못하는
경우도 있다. 그렇다고 해서 사랑을 원망하거나 후회할 수는 없
다. 진정한 사랑은 대가를 바라지 않는다. 나는 사랑으로 완성되
고 사랑은 나로 인해 완성되기 때문"이라고 했습니다.

존중이 없으면 사랑도 없다

존중이 없으면 참된 사랑은 결코 성립하지 않는다.

_요한 고틀리프 피히테

🦋　　　19세기 독일의 철학자 요한 고틀리프 피히테(Johann Gottlieb Fichte, 1762~1814)는 존중에 의해 사랑이 시작된다고 합니다. 하지만 19세기 영국의 소설가이자 정치가인 벤저민 디즈레일리(Benjamin Disraeli)는 "존중하지 않는 곳에서는 사랑도 끝난다"라고 했습니다. 그리고 20세기의 존 그레이(John Gray)는 "사랑하는 관계에서 서로가 원하는 것이 모두 일치하진 않는다. 따라서 남녀가 서로 다르다는 사실을 명백하게 인식하고, 사랑하는 사람을 위해서 최선이라고 생각하는 것을 행동에 옮기는 대신 연인에 대해 배우고, 한편으로는 연인의 독특한 요구에 대해 알고 존중해 주는 것이 중요하다"라고 했습니다. 사랑은 존중에서 시작되어 존중으로 유지되고, 존중으로 끝나는 것입니다.

사랑한다는 것은

사랑한다는 것은 관심을 갖는 것이며 존중하는 것이다.
사랑한다는 것은 책임감을 느끼는 것이며 이해하는 것이
고, 사랑한다는 것은 주는 것이다.
_에리히 프롬

🐾　　　독일의 정신분석학자이자 사회학자인 에리히 프롬
(Erich Fromm, 1900~1980)의 《사랑의 기술》에 실린 글입니다. 프롬
은 이 책에서 사랑이란 의지의 행위이지 그냥 반하고 황홀경에
빠지는 것이 아니라고 합니다. 누군가를 사랑한다는 것은 그냥
어떤 강한 느낌이 아니라, 결정이고 판단이며 약속이라는 것입
니다. 사랑이 그냥 느낌일 뿐이었다면 서로 영원히 사랑하겠다
는 약속을 할 근거도 없을 것입니다. 나아가 사랑은 우리가 타인
에게 관심을 가지고 존중한다는 것입니다.
또한 프롬은 "대부분의 사람들은 성욕을 사랑의 관념과 결부시
키기 때문에, 서로 육체적인 욕정을 갖게 되면 사랑하는 것이라
고 착각한다"라고 말했습니다. 이는 한국 사회에서도 문제가 되
는 것 아닐까요?

믿음의 중요성

진실한 사랑의 실체는 믿음이다.
_발타사르 그라시안 이 모랄레스

🍂　　　발타사르 그라시안은 "사랑은 나의 영혼을 누군가에게 던지는 것이다", "진정한 사랑을 누리고 있는 사람보다 더 훌륭한 사람은 없다"라고 말했습니다. "사랑은 그 종류가 하나밖에 없다. 그러나 사랑을 표현하는 방법은 수만 가지가 넘도록 한다"거나 "사랑은 모든 시간을 재구성하고, 모든 것을 새롭게 만든다"라고도 했습니다.

또한 "사랑의 근본을 그렇게 하찮은 것으로 여기는 사람은 당장 그 수준에 걸맞은 사랑밖에 얻을 수 없을 것이다"라면서 사랑의 믿음을 강조했습니다. 그리고 "청년 시절 뜨겁게 달아올랐던 사랑이 노년으로 가면서 점차 퇴색하거나 사회적인 이해관계 때문에 깨지기도 한다"며 사랑의 변화를 인정했습니다.

겸허한 마음

참된 사랑은 겸허이다.

_테오도어 슈토름

🐾   19세기 독일 소설가 한스 테오도어 볼드센 슈토름(Hans Theodor Waldsen Storm, 1817~1888)은 은은한 사랑 이야기를 쓴 단편소설 〈호수〉로 유명합니다. 어려서 소녀를 사랑한 주인공이 사랑의 상처를 가슴에 묻은 채 학문 연구에 일생을 바치며 평생 독신으로 늙어 갔다는 이야기입니다. 그런 사랑의 이야기는 그야말로 겸허한 감성의 교류입니다.

사랑은 행동이다

진정한 사랑은 말에 있지 않고 행동에 있으며 그런 사랑
만이 진정한 지혜를 준다.
_레프 톨스토이

🐝　　　19세기 러시아의 위대한 소설가 레프 니콜라예비치 톨
스토이(Lev Nikolaevich Tolstoy, 1828~1910)는 사랑은 행동이라고 말
합니다. 그가 "사랑이란 우연에 의존하지 않는 유일한 행복이다"
라고 한 것은 사랑이 우연이 아니라 우리의 선택에 의한 필연적
인 행동임을 뜻합니다. 그래서 그는 "사랑은 아낌없이 주는 것"
이라고 했습니다.

또한 그는 "행복해지고 싶다면 모든 사람의 행복을 빌고, 모든
사람을 똑같이 사랑하라"고 했습니다. 그러나 모든 사람을 다,
그리고 한결같이 사랑할 수는 없습니다. 보다 큰 행복은 단 한 사
람만이라도 지극히 사랑하는 것입니다. 그러나 그것도 그저 상
대방을 사랑하는 것이어야 합니다. 대개의 경우와 같이 자신의
향락을 사랑하는 것이어서는 안 됩니다. 사랑하는 사람의 행복
을 위해서 그와의 관계를 끊을 각오가 되어 있는지 자문해 보십
시오. 만약 그럴 수 없다면 당신은 그저 사랑이라는 가면을 쓰고
있는지도 모릅니다.

빠지지 말고 선택하라

사랑이란 자유로운 선택의 실천이다. 서로가 없어도 분
명 잘 살 수 있지만 함께 살기로 선택할 때만이 서로 사
랑한다고 할 수 있는 것이다.

_모건 스콧 펙

🍂　　　모건 스콧 펙의 《아직도 가야 할 길》에 나오는 말입니
다. 스콧 펙은 사랑이란 우리가 흔히 말하는 남녀 간의 달콤쌉쌀
한 사랑과 달리, 자유로운 선택이라고 합니다. 그래서 "진정한
사랑이란 압도당하는 감정이 아니다. 그것은 헌신적이고 사려
깊은 결단이다"라고 말합니다. 사랑에는 대상이 있습니다. 그러
나 그 대상에 압도당하는 것은 사랑이 아닙니다. 상대의 매력에
매료당하는 것도 사랑이 아닙니다. 따라서 '사랑에 빠진다'는 환
상에 매달려서는 안 됩니다. 그럼에도 곧잘 그런 환상에 매달리
는 까닭은 '사랑에 빠지는 것'이 '의지를 가지고 사랑을 선택하는
것'보다 훨씬 수월하기 때문입니다.

사랑은 삶의 목적을 이루게 한다

사랑은 삶을 죽음에서 구할 수는 없지만 삶의 목적을 달
성시킬 수는 있다.
_아널드 조지프 토인비

20세기 영국의 역사학자 아널드 조지프 토인비(Arnold
Joseph Toynbee, 1889~1975)는 역사에 나타난 많은 위대한 사랑의 힘
에 의해 위인이 된 사람들의 삶을 전해 줍니다. 그는 "사람이 사
는 목적은 사랑과 지혜를 활용해서 새로운 것을 창조해 나가는
것이다"라고 했습니다.

사랑의 목적

인간적인 사랑의 최고의 목적은 종교적인 사랑과 마찬가
지로 사랑하는 사람과 하나가 되는 것이다.
_시몬 드 보부아르

     20세기 프랑스의 여류 철학자이자 소설가 시몬 드 보
부아르(Simone de Beauvoir, 1908~1986)는 철학자 장 폴 사르트르(Jean
Paul Sartre)와의 계약 결혼으로 유명합니다. 그녀가 쓴 《제2의 성》
에서 "여성은 태어나는 것이 아니라 만들어지는 것이다"라고 한
말도 유명하지만, "서로 미워하면서도 상대방 없이는 살 수 없다
고 함은 흔히 말하듯이 가장 진실한 관계라든가 가장 자극적인
관계인 것이 아니라, 모든 인간관계 중에서 가장 비참한 관계이
다"라는 말도 음미할 가치가 있습니다. 또한 "살아 있다는 것만
으로도 나는 천재다"라는 말은 우리에게 희망을 줍니다.

사랑이 우리를 자유롭게 하리라

사랑에 의해서만 인간은 자신으로부터 해방될 수 있다.
_크리스티안 프리드리히 헤벨

19세기 독일의 극작가 크리스티안 프리드리히 헤벨 (Christian Friedrich Hebbel, 1813~1863)의 《새 일기》에 나오는 명언입니다. 그는 "행복은 작은 새처럼 붙들어 두어야 한다, 될 수 있는 한 살그머니 그리고 갑갑하지 않게. 작은 새는 자신이 자유롭다고 생각하기만 하면 즐겨 그대의 수중에 머물러 있을 것이다"라고 했습니다.

사랑과 이해는 하나다

내가 이해하는 모든 것은 오로지 내가 사랑한다는 이유
때문에 이해하는 것이다.

_레프 톨스토이

🍂　　　19세기 러시아 소설가 톨스토이는 사랑과 이해가 일체
라고 말합니다. 즉 지성과 감성의 통일을 사랑으로 보는 것입니
다. 어떤 사람이든 사회 현상이든 사랑으로 다가가면 이해되지
않는 경우가 없지 않겠습니까? 지식은 계속해서 변하기 때문에
시간이 지남에 따라 믿음이 변할 수 있지만, 사랑은 영원하기 때
문에 결코 변하지 않는 법입니다.

그는 "아버지가 물에 빠진 자식을 건지기 위해 물속에 뛰어드는
것은 사랑의 감정이다. 사랑은 나 이외의 사람에 대한 행복을 위
해서 발로된다. 인생에는 허다한 모순이 있지만 그것을 해결할
길은 사랑뿐이다"라고 했습니다. "머리는 진리에 의해 빛나고,
마음은 사랑에 의해 빛난다"라는 러시아 격언을 연상케 합니다.

Autumn of Love 146

사랑은 나를 뛰어넘는 것

사랑한다는 것은 자기를 초월하는 것이다.
_오스카 와일드

🍃　　　19세기 아일랜드의 극작가 오스카 와일드(Oscar Wilde,
1854~1900)는 사랑을 통해 자기를 뛰어넘어야 한다고 말합니다.
이기적인 욕망은 물론 이기적인 관점이나 생활 태도도 뛰어넘어
야 한다는 것입니다. 그렇다고 자기를 포기하거나 희생한다는
것은 아닙니다. 초월은 현실에 뿌리내려야 가능한 것이기 때문
입니다.

함께하는 것

사랑은 누군가와 계속하여 함께하는 것이다.
_제임스 서버

🐾　　미국의 저명한 유머 작가이자 만화가인 제임스 서버 (James Thuber, 1894~1961)의 사랑에 대한 정의는 무미건조한 듯하지만 진실을 포함하고 있습니다. 사랑이란 시공간을 함께 가지고 삶을 더불어 공유하는 사람들의 감정과 기억을 말하는 것입니다. 함께 공유하는 추억이나 사건이 없다면 사랑도 있을 수 없는 것 아닐까요? 따라서 함께하는 사람에게 최선을 다하는 것이야말로 가장 깊은 사랑이라고 할 수 있습니다. 물론 함께 사는 것이 악몽과 같은 삶이라면 사랑이라고 할 수 없습니다. 서버는 "뒤를 돌아볼 때는 화를 내지 말고 앞을 바라볼 때는 두려워하지 마라. 대신 주의 깊게 주위를 둘러보라"고 했습니다. 역시 사랑은 낙관주의에 의해 더욱 빛납니다.

Autumn of Love 148

사랑할 때 완전한 인간이 된다

사랑은 삶을 강화한다. 삶을 완벽하고 풍부하고 온전하
게 한다. 거기서는 모든 잠재된 창조적 가능성이 실현되
고 사람들은 다른 사람과의 만남, 교류, 소통 속에서 자
신을 초월한다. 우리가 세상에 나온 것은 이 때문이다.
바로 이런 교류와 자기 초월을 위해서다. 우리는 사랑하
며 서로 자신을 줄 때 비로소 완전한 인간이 된다.
_토머스 머튼

미국의 로마 가톨릭 사상가 토머스 머튼(Thomas Merton,
1915~1968)은 "사랑은 우리가 사랑하는 사람들에 대한 우리의 행
동과 사고에만 영향을 미치는 것이 아니다. 그것은 우리 삶 전체
를 변화시킨다. 진정한 사랑은 개인의 혁명이다. 사랑에는 당신
의 생각과 당신의 욕망, 당신의 행동이 요구되며, 사랑은 이것들
을 하나의 경험으로 결합해 살아 있는 하나의 현실을, 새로운 당
신을 만들어 낸다"라고 합니다. 그래서 "사랑은 물리칠 수 없는
우리의 숙명이다. 혼자서는 삶의 의미를 발견할 수 없다. 우리는
그것을 다른 사람과 함께 찾는다"라고 했습니다.

상대를 남과 비교하지 마라

사랑은 더 이상 비교하지 않는 것을 뜻한다.
_베르나르 그라세

🐝　　　프랑스의 문인 베르나르 그라세(Bernard Grasset, 1881~
1955)는 사랑하면서 상대방을 남과 비교하는 것은 사랑을 모독하
는 짓이라고 말합니다. 이는 사랑하는 사이라면 반드시 명심해
야 할 덕목 아닐까요? 특히 대중매체가 묘사하는 이상적인 인간
상과의 비교는 금물입니다. 얼짱이니 몸짱이니 하는 것만큼 사
랑에서 배격되어야 할 것이 있을까요? 사랑하는 사람과의 사랑
과 삶을 대중매체가 그리는 남녀 주인공들의 그것과 비교하지도
마십시오. 진실한 사랑은 대중매체가 그리는 환상을 극복하는
것입니다. 그래야만 사랑이 우리 자신뿐 아니라 세상을 바꿀 수
있습니다.

Autumn of Love 150

평가하지 않기

우리는 좋다거나 나쁘다고 말하는 것으로 생각하기를 끝내 버린다. 그러나 사랑은 열등한 것과 월등한 것에 대한 감각을 허물어뜨린다.

_지두 크리슈나무르티

     인도의 철학자 지두 크리슈나무르티(Jiddu Krishnamurti, 1895~1986)는 상대방에 대해서 평가하지 말라고 권합니다. 남을 판단하지 말고 그 가치를 최대한 받아들여야 한다는 것입니다. 누군가를 진정으로 사랑한다는 것은 다른 대상을 능가하는 자질이 아니라, 그 사람이 우리의 삶 속에 존재한다는 그 자체입니다.

사랑은 지배하지 않는다

사랑은 지배하는 것이 아니라 자유를 주는 것이다.
_에리히 프롬

🔔　　에리히 프롬의 《사랑의 기술》에 실린 글입니다. 이 책
에서 프롬은 "사랑은 특정한 사람에게 매달리는 구속을 의미하
는 것이 아니다. 사랑은 한 인간과 그의 유일한 연인의 관계만
이 아니라 세계 전체와의 관계까지도 규정하는 넓은 의미를 지닌
다"라고 했습니다. 또 프롬은 만일 내가 어떤 사람에게 "나는 당
신을 사랑한다"라고 말할 수 있다면 "나는 당신을 통해 모든 사
람을 사랑하고, 당신을 통해 세계를 사랑하고, 당신을 통해 나
자신도 사랑한다"라고 말할 수 있어야 한다고 했습니다. 누군가
가 필요해서 사랑하는 것이 아니라, 그 반대로 사랑하기 때문에
필요하다고 말해야 된다는 것입니다.

사랑만으로 충분하다

사랑은 저 자신밖에 아무것도 주는 것이 없고,
저 자신밖에는 아무것도 받는 것이 없노라.
사랑은 소유하지 않으며, 누구의 소유가 되지도 않노라.
사랑은 사랑만으로 충분한 것이노라.
_칼릴 지브란

레바논 출신 미국의 시인이자 소설가이자 사상가인 칼릴 지브란(Khalil Gibran, 1883~1931)의 《예언자》에 실린 말입니다. 이 책에서 그는 사랑의 자유를 노래합니다. 우리는 사랑에 빠지면 상대에게 뭔가를 주고자 하지만 그것은 사랑이 아니라 장사일지도 모릅니다. 사랑은 장사가 아닙니다. 사랑은 사랑 자체만 줍니다. 왜냐하면 사랑보다 더 높은 것이 없기 때문입니다. 그리고 아무것도 받지 않습니다. 사랑은 소유하는 순간 죽어 버립니다. 소유를 허락하는 순간 자살하는 것입니다. 소유하면 소유할수록 더 많이 죽입니다. 사랑은 소유를 허락하지 않습니다. 사랑은 우리의 영혼 자체이기 때문입니다. 사랑은 자유 속에서만 꽃을 피웁니다. 진실로 사랑한다면 자유를 주어야 합니다.

속박은 사랑의 적

사랑은 통제당하면 떠난다.
_베르톨트 브레히트

🐾 　　　독일의 극작가이자 시인인 베르톨트 브레히트(Bertolt
Brecht, 1898~1956)는 사회주의 경향의 작품을 썼는데도 사랑에 대
해서는 가장 고전적인 정의를 내리고 있습니다. "사랑에 속박을
느끼기 시작하면 바로 깨닫게 된다. 이제 곧 끝날 것임에 틀림없
다고"라는 프랑스 격언을 연상시킵니다. 브레히트는 "사랑이란
가까운 데서 생기는 온기, 어두운 세상에서 유일한 은총!"이라고
했습니다. 또한 "섹스는 지혜를 방해하지 않는다. 그러나 지혜는
섹스를 방해한다"라고 했습니다.

상냥한 표정을 잃지 않는 것

끝없이 용서하고 부드럽게 바라보는 것이 습관이 되면
그것이 바로 사랑이다.
_피터 유스티노프

🌿   영국의 극작가이자 아카데미상을 몇 번이나 받은
저명한 배우 피터 알렉산더 유스티노프(Peter Alexander Ustinov,
1921~2004)는 명언을 많이 남긴 지성인입니다. 그가 말하듯이 사
랑은 끝없이 관대한 행위입니다. 즉 언제 어디서든 결코 상냥한
표정을 잃지 않는 것입니다. 사랑은 끝없는 용서의 행위이며, 습
관으로 굳어지는 상냥한 표정이라고도 할 수 있습니다.

유스티노프는 삶의 핵심이란, 그것도 긍정주의자로 사는 삶의
핵심이란 아직 최상의 미래가 도래하지 않았다고 믿을 정도로 순
진해지는 것이라고 했습니다. 사랑의 힘을 믿는다면 우리는 긍
정주의자, 낙관주의자가 될 수밖에 없습니다. 매사를 부정적으
로 또는 비관적으로 본다면 사랑이 오지 않을지도 모릅니다.

진정한 애인

사랑하는 사람에게 언제나 갚아야 할 빚이 있다고 느끼
는 사람이야말로 진정한 애인이다.

_랠프 워싱턴 속맨

미국의 목사 랠프 워싱턴 속맨(Ralph Washington Sockman,
1889~1970)이 말하는 것은 사랑하는 사람에 대한 관심을 뜻합니
다. 그는 "그 어떤 것도 온화함만큼 강하지 않다. 또한 진정한 힘
만큼 온화한 것도 없다"라고 했습니다. "용기는 우리가 소수일
때 시험받으며, 인내는 우리가 다수일 때 시험받는다"라고 한 그
의 말도 음미할 만합니다.

권태를 이기는 말

아무리 열렬한 연인들도 때로는 무관심과 진부함을 느낀
다. 이들에게 사랑이란 단어는 그 틈새를 일시적인 것으
로 만들고 두 사람을 이어 주는 다리가 된다.

_올더스 헉슬리

올더스 헉슬리에게 사랑의 가장 큰 문제점은 권태였을
지 모릅니다. 뜨거운 사랑을 나누는 연인 사이에서도 순간적인
무관심과 지루함을 메우기 위해 '사랑한다'는 말을 자주 하도록
권합니다. 가끔은 억지로라도 '사랑한다'는 말을 해야 합니다.

상대의 마음을 염려하지 마라

상대가 그대를 사랑하는지 아닌지 염려하지 마라.
그것은 그의 문제다.

_켄 키스

미국의 명상가 켄 키스(Ken Keith Jr., 1937~)는 '인간 잠재 능력 회복 운동'을 하며 《더 높은 의식을 향한 입문서》라는 책을 펴냈습니다. 그는 정말로 중요한 것은 '사랑받기'가 아니라 '사랑하기'라고 합니다. 사랑받기도 즐겁고 유익하고 만족감을 주지만, 사랑하기가 더 낫다고 주장합니다.

사랑하면 결점을 잊는다

애인이란 도대체 무엇인가? 그 여자 곁에 있으면 여자가
지니고 있는 결점을 모두 잊어버리는 남성이다.

_세바스티앵 샹포르

           프랑스 모럴리스트이자 작가인 세바스티앵 로슈 니콜
라 드 샹포르(Sébastien-Roch Nicolas de Chamfort, 1741~1794)는 "애인
을 만드는 여자는 그 남자가 자신에게 어떻게 보이는가 하는 것
보다, 주변의 여자들이 그를 어떻게 보는지에 더욱 신경 쓴다"라
고 했습니다. 그러므로 남녀에게 애인이란 다른 존재라는 것입
니다.

그는 "희망은 항상 우리를 기만하는 사기꾼이다. 나의 경우에 희
망을 잃었을 때 비로소 행복이 찾아왔다", "연애가 결혼보다 즐
거운 것은 소설이 역사보다 재미있는 것과 같은 이유다"라는 명
언을 남겼습니다.

좋은 점만 취할 수는 없다

사람의 모든 결점을 참지 못하는 한 절대로 사랑을 하지
마라.

_토머스 캠피언

🍂   16~17세기 영국의 시인이자 음악가였던 토머스 캠피
언(Thomas Campion, 1567~1620)은 참된 사랑이란 상대의 결점마저
껴안는 것이라고 말합니다. 괴테 또한 "사랑하는 사람의 결점도
아름답게 생각하지 않는 사람은 사랑하지 않는 사람이다"라고 했
지요. 우리는 사랑을 시작할 때는 상대방이 완전하게 보이지만 사
랑이 깊어지면 점차 그 결점을 발견하게 되어 불평하곤 합니다.
이는 우리의 사랑이 점차 옅어지고 있다는 증거 아닐까요?

부족함마저 사랑하는 것

참으로 정열적인 연인은 상대의 결점도 사랑한다.
_몰리에르

🐚 　　몰리에르는 진정한 사랑은 상대의 결점을 모르는 것이 아니라, 그것을 알면서도 그것까지 사랑하는 것이라고 말합니다. 어려운 일이지만 사랑하는 사람들이 극복해야 할 일입니다. 왜냐하면 사랑을 이룬 뒤에는 누구나 결점이 드러날 수 있기 때문입니다. 무조건 감싸기보다는 지적도 하고 비판도 하여 결점을 고치도록 하는 것이 진정한 사랑일 것입니다.

Autumn of Love 161

마음을 다한 관심

관심을 가질 때만 의도할 수 있고
그렇게 한다는 것은 진실로 사랑한다는 것이다.
_지두 크리슈나무르티

지두 크리슈나무르티는 종교와 상관없이 내적인 탐구
만을 통해서도 진리에 가까이 다가갈 수 있다고 했습니다. 즉 스
스로 자신의 빛이 되라는 것입니다. 내 안의 빛은 나에 의해서만
밝혀질 수 있으며, 다른 누구의 빛도 나의 것이 될 수 없다는 것
입니다.

사랑이 관심에서 나온다는 것은 두말할 필요도 없지만, 크리슈
나무르티는 의도하는 것이 무엇이든 마음을 다한 관심을 쏟아
야 참된 사랑이 가능하다고 말합니다. 관심은 그냥 주목하는 것
과 달리 호감을 가지고 상대의 행복을 위해 마음을 다하는 것입
니다. 이는 상대에게 관심을 갖는 이유를 자신에게 물어보고, 자
신이 그 사람을 영원히 행복하게 해 줄 수 있는지, 어떤 경우에도
그 사람을 지켜 줄 수 있는지 끊임없이 묻고 자신이 확신하는 바
에 따라 행동하는 실천까지 포함하는 것입니다.

조용하고 담담한 사랑

훌륭한 사랑은 격렬한 욕망 속에 있는 것이 아니라 일상
생활의 완전하고도 영속적인 조화에 있다.

_앙드레 모루아

🐾   프랑스의 소설가이자 전기 작가인 앙드레 모루아(André
Maurois, 1885~1967)는 사랑은 격정의 욕망이 아니라 조화로운 일
상 속에 있다는 지극히 평범한 진리를 강조했습니다. 사랑하는
사람들의 마음은 격렬함이 아니라 담담함에 있습니다. 불같은
낭만적인 사랑은 어쩌면 환상일 것입니다. 조용히 서로의 마음
속에 깊고 넓게 파고드는 정이 바로 사랑입니다.

모루아는 "남녀 양성의 참된 협력 없이 진정한 문명은 존재하지
않는다. 그러나 남녀 상호 간의 차이를 승인하고 서로 상대방의
성질을 존중하지 않고는 양성의 참된 협력이 존재할 수 없다"라
며 남녀 간의 협력과 존중에 근거한 사랑이 문명의 기본임을 밝
혔습니다.

변하지 않는 사랑

사랑은 시간의 노리개가 아니다. 비록 장밋빛 입술과 뺨은
시간의 휜 낫의 날 안으로 들어온다 해도
사랑은 변하지 않는다, 짧은 몇 시간, 몇 주가 지난다 해도
오히려 최후의 심판에 이르도록 시간을 견뎌 낸다.

_윌리엄 셰익스피어

셰익스피어의 《소네트》에 실린 시입니다. 사랑의 영속
성에 대한 시는 많지만 셰익스피어의 이 시만큼 가슴을 치는 것
은 없습니다. 사랑이 영원하다면 사랑하는 사람을 볼 때마다 변
화를 느끼지도 않을 것이고 욕망으로 괴로워하지도 않을 것입니
다. 물론 모두가 그런 영원한 관계로 사랑을 지속하기는 힘들겠
지만 서로의 신뢰에 근거한 사랑이라면 불가능하지도 않습니다.

사랑의 방랑

우리에겐 사랑 그 자체로서 충분하다.
마치 목적을 두지 않고 방랑 그 자체의 즐거움을 바라는
것처럼.
_헤르만 헤세

🍂 　　헤르만 헤세의 문학은 사랑을 찾는 청춘의 방랑이라고
할 수 있습니다. 아니, 사랑 자체가 방랑일지도 모릅니다. 그러
나 그 방랑은 사실 자신의 고독한 방랑입니다. 그래서 그는 말합
니다. "다른 사람에게서 사랑을 바라는 생활은 위험하다. 그 사
람이 스스로 충만되어 나에게서 떠난다고 해도 그 사람을 위해
기도할 각오 없이 사랑하는 것은 처음부터 잘못된 일이다." 그래
서 그에게는 "사랑을 받는 것이 행복이 아니라 사랑하는 것이야
말로 행복"입니다. 그는 "원하는 것이 없는 사랑, 이것이 우리 영
혼의 가장 높고, 가장 바람직한 경지이다"라고 했습니다. 그래서
"주는 것은 받는 것보다 행복하며, 사랑하는 것은 사랑받는 것보
다 아름답고 사람을 행복하게 한다"라고 했습니다.

얼마나 사랑을 베풀었는가

인간의 가치는 얼마나 사랑받았느냐가 아니라, 얼마나
주위 사람들에게 사랑을 베풀었느냐에 달려 있다.
_에픽테토스

고대 로마의 스토아학파 철학자 에픽테토스(Epiktetos,
50?~138?)는 '인내하라, 단념하라'라는 말을 모토로 삼았습니다.
"지혜로운 사람은 쾌락을 물리치지만 어리석은 사람은 쾌락의
노예가 된다"라고 했습니다. 에픽테토스는 쾌락보다 경건한 삶
의 지혜를 추구했습니다. 따라서 사랑도 쾌락이 아닌 지혜로 하
기를 충고합니다.

사랑이 있다면 삶은 헛되지 않다

내가 만일 애타는 한 가슴을 달랠 수 있다면
내 삶은 결코 헛되지 않으리.
내가 만일 한 생명의 아픔을 덜어 줄 수 있거나,
고통을 가라앉힐 수 있다면
할딱거리는 새 한 마리를 도와서
보금자리로 돌아가게 해 줄 수만 있다면
내 삶은 결코 헛되지 않으리.

_에밀리 디킨슨

에밀리 디킨슨의 시 〈내가 만일 애타는 한 가슴을〉에
나오는 말입니다. 사랑이라는 말 한마디 들어 있지 않지만 이 세
상의 그 어떤 시보다 절실한 사랑의 시입니다. 흔히 사랑은 주는
것이라고 하지만 그것이 물질적인 것이 아니라 정신적인 것, 특
히 마음의 공허나 상처를 달래 주는 것임을 우리는 쉽게 잊고 삽
니다. 그러고는 도리어 상대의 그런 점을 문제점이나 결점이라
고 생각해 피하기도 합니다. 〈사랑이란 죽은 이도 거의 소생시킬
수 있는 것〉이라는 시에서 "하나 사랑이란 피곤해지면 잠자야 하
는 것/또 굶주리면 먹어야 하는 것"이라고 노래한 구절은 미국
인다운 표현으로, 아니 현실의 의미로 가깝게 다가옵니다.

사랑은 보상을 바라지 않는다

사랑은 모든 것을 주지만, 아무런 보상도 받지 않는다.
_에드먼드 스펜서

    방대한 《선녀 여왕》을 쓴 영국의 시인 에드먼드 스펜서(Edmund Spencer, 1552~1599)는 시인들 중의 시인이라고 칭송됩니다. 흔히 사랑은 어떤 보상도 바라지 않고 그냥 아낌없이 주는 것이라고 합니다. 아낌없이 주는 사랑이란 묶어 두려 하지 않고 상대를 자유롭게 하는 것입니다. 즉 소유하기 위해 집착하는 이기적인 사랑이 아닙니다. 언제 어디서나 아낌없이 끝없이 퍼 주는 사랑이면서도 늘 행복해하는 사랑입니다. 즉 어떤 조건이나 계산도 없이, 아무런 대가도 바라지 않는 바보 같은 사랑입니다. 사랑이란 이름으로 상대에게 누가 되거나 부담이 되지 않는 사랑입니다.

헌신이 사랑을 키운다

헌신이야말로 사랑의 연습이다. 헌신에 의해 사랑은 자
란다.

_로버트 루이스 스티븐슨

《보물섬》과 《지킬 박사와 하이드》로 유명한 영국의 소
설가 로버트 루이스 스티븐슨(Robert Louis Stevenson, 1850~1894)은
"우리는 누군가를 사랑하는 한 존재 가치가 있다. 우리는 누군가
의 사랑을 받는 한 없어서는 안 될 존재다"와 "청춘은 모두 실험
이다"라는 말을 남겼습니다.

주는 사랑의 기쁨

주여, 위로한 만큼 위로받기를 구하지 않고,
이해한 만큼 이해받기를 바라지 않으며,
사랑한 만큼 사랑받기를 원하지 않습니다.
받는 것은 주는 것 안에 있고,
드러나는 일은 금세 잊히기 때문입니다.
_다시시 프란체스코

🍂　　　로마 가톨릭의 수도사 다시시 프란체스코(d'Assisi Francesco, 1182~1226)는 맨발에 누더기를 걸쳐 아시시의 성 프란체스코로 칭송됩니다. 위 기도문은 신에게 바치는 것이지만 우리의 세속적인 사랑에도 적용된다고 생각합니다.

우리는 흔히 누군가를 사랑하는 것이 아니라 누군가에게 사랑을 받지 못하는 것을 개탄하지만 이는 주는 사랑의 기쁨을 모르기 때문입니다. 사랑을 받는 것은 수동적으로 운이 좋아서 생기는 우연에 불과하고 기껏 약간의 자극을 받는 것으로 끝나지만, 사랑을 주는 것은 능동적으로 자신이 선택하는 필연으로 상대에게 강렬한 자극을 줄 수 있는 예찬과 경이를 창조하는 예술적 행위입니다. 목마르기 전에 우물을 파야 합니다.

연애라는 홍역

연애라고 하는 것은 홍역과 같다. 누구나 그것을 치러야 하리라. 따라서 우리가 참된 연애를 경험하는 것은 단 한 번뿐이다.

_제롬 클랩카 제롬

《보트 위의 세 남자》로 널리 알려진 20세기 영국의 극작가이자 소설가 제롬 클랩카 제롬(Jerome Klapka Jerome, 1859~1927)은 누구나 사랑을 이겨 내야만 인간이 된다고 말합니다. 정확하게 말하면 사춘기의 홍역이라고 할까요. 그는 "할 일을 많이 가지고 있지 않는 한 나태를 즐길 수는 없다", "우리는 서로의 건강을 위해 축배하고 자신들의 건강을 해친다", "자부심은 인간이 입을 수 있는 가장 훌륭한 갑옷이다"와 같은 명언을 남겼습니다.

Autumn of Love 111

사랑은 실수가 될 수 없다

우리는 항상 조건부로 주장한다.
그러나 있는 그대로를 인정하는 것,
그것이야말로 어려운 일이다.

_조지프 캠벨

조지프 캠벨(Joseph Campbell, 1904~1987)은 20세기의 가장 위대한 신화학자입니다. 우리는 언제나 사랑에 조건을 붙이고 남의 흠을 지적합니다. 가령 상대가 좀 더 나은 조건을 갖추면 사랑하겠다는 식으로 말입니다. 이는 재물의 유혹 때문에 사랑을 뒤로 미루는 것입니다. 그러나 그런 이상형은 결코 나타나지 않습니다. 설령 나타난다고 해도 다시 조건을 붙이게 됩니다. 조건 없는 사랑은 미래에 영향을 받지 않습니다. 사랑은 바로 지금, 여기의 상대를 사랑하는 것이고 상대가 바라는 대로 미래를 창조하도록 돕는 것입니다. 그 미래가 어떻게 전개되든 사랑은 실수가 될 수 없습니다. 사랑은 어떤 미래의 실수도 두려워하지 않습니다.

거짓말과 고지식함 사이

거짓말은 사랑을 죽인다. 지나치게 고지식한 것도 사랑
을 서서히 죽인다.

_어니스트 헤밍웨이

미국 소설가 어니스트 밀러 헤밍웨이(Ernest Miller Heming
way, 1899~1961)는 네 번의 결혼을 포함하여 많은 여성을 사랑한
것으로 유명합니다. 그는 권력의 폭력과 거짓말을 밝히고 행동
하는 용기 있는 지식인이었습니다. 사랑도 거짓으로 하는 것은
물론 고지식하게 하는 것을 경계했습니다. 사랑하는 사이에서
거짓말을 해서는 안 되지만, 필요 이상으로 고지식한 것도 문제
입니다.

사랑은 차이를 없앤다

사랑은 속된 것과 숭고한 것, 가진 것과 가지지 못한 것의 차이를 없애 버린다. 서로의 순수한 애정이 마음에 전달되면 사랑은 연인들의 상이한 조건들을 지워 버린다.
_미겔 데 세르반테스

      《돈키호테》를 쓴 17세기 스페인의 소설가 미겔 데 세르반테스 사아베드라(Miguel de Cervantes Saavedra, 1547~1616)는 사랑이 모든 조건을 없애고 평등하게 만든다고 합니다.《춘향전》에서 보듯이 사랑이 평등을 지향한다는 것은 옳은 말입니다. 그러나 쉬운 일은 아닐 것입니다.

세르반테스는 "사랑이 내 안에서 싸우고 정복한다. 그리고 나는 사랑 안에서 살아가며 숨 쉰다. 그리하여 나는 삶과 존재를 가지게 된다", "사랑과 전쟁은 똑같은 것이며 전력과 정책이 양쪽에서 똑같이 허용된다"라고 했습니다. 사랑의 모험을 전쟁에 비유하고 있지만 그 공통점이라고 하는 전력과 정책이 상대방을 기만하는 술수이거나 폭력적인 것을 뜻하지는 않을 것입니다. 흔히 사랑을 쟁취하는 것이라고 말하기도 하지만, 만일 사랑이 전쟁처럼 비참한 결과를 초래하는 것이라면 누가 기꺼이 사랑하려고 할까요?

사랑이 지닌 치유의 힘

사랑을 통해 질병이 건강이 되고
사랑을 통해 분노가 자비로 바뀌며
사랑을 통해 죽음이 생명을 얻어 부활하네.
_루미

🍂　　13세기 페르시아 시인 루미의 시집《만스나비 아이 마
나비Mansnavi I Ma'navi》에 실린 시입니다. 그 방대한 여섯 권의 시
집에서 말하는 사랑은 신에 대한 사랑을 뜻하지만 사람 사이의
사랑에 적용해도 무방할 것입니다. 이슬람교에서는 가장 훌륭한
인간이란 모든 사람을 사랑하는 사람이고, 그 사람은 좋고 나쁨을
가리지 않고 모든 사람에게 선을 베푸는 사람이라고 합니다. 우리
가 흔히 전쟁의 종교라고 오해하는 이슬람교도 사실은 사랑의 종
교입니다. 동서고금을 막론하고 사랑은 힐링이고 부활입니다.

반쪽을 만나 하나가 되다

인간은 본래 지금보다 갑절의 크기를 갖고 있었으나,
너무 크고 힘이 세어 교만했기 때문에
신들이 인간을 절반으로 갈라놓았다.
그래서 그 한쪽이 서로 상대방을 찾아내어 결혼한다.
이때 비로소 서로 완전한 인간이 된다.

_플라톤

🌸 　플라톤이 남녀의 창조를 교만에 대한 신의 처벌에서
찾은 것은 그리스 신화에서도 볼 수 없는 독특한 견해지만, 이는
결혼을 통해 남녀가 서로 완전한 인간이 된다는 것을 말하기 위
해 꾸며 낸 전제일지도 모릅니다. 여하튼 결혼에 의해 남녀가 완
전해진다는 것은 현대의 부부관으로 보아도 손색이 없습니다.

Autumn of Love 176

훌륭한 남자의 조건

훌륭하고 성공한 남자는 아내를 사랑하고 소중하게 생각
한다.

_호메로스

호메로스(Homeros, 기원전 800?~기원전 750)의 《일리아스》
에 나오는 구절입니다. 《일리아스》는 트로이 전쟁 마지막 해의
단 4일간에 걸친 사건을 다루고 있지만, 그 이전의 전쟁 과정에
관한 여러 에피소드가 묘사되어 있고 인간과 신을 망라한 수많은
인물이 등장합니다. 그중에는 영웅과 그 가족의 이야기도 나옵
니다. 영웅의 조건 중 아내에 대한 사랑이 중요했음은 물론입니
다. 영웅이 아닌 보통 사람에게도 아내와 남편에 대한 사랑이 다
를 리는 없습니다.

결혼은 진지한 연극

결혼은 매우 진지하게 가장하는 방법을 배우는 학교다.
_미겔 데 우나무노

스페인의 철학자 미겔 데 우나무노(Miguel de Unamuno, 1864~1936)가 결혼을 진지한 연극이라고 한 것은 연극이라는 점보다 진지함이라는 점을 더 강조한 것 아닐까요? 그는 지성과 감성, 이성과 신앙 사이의 긴장을 강조했는데, 결혼도 그런 긴장의 진지한 연속이라고 본 것 아닐까요?

성숙한 결혼 생활이 가능하려면

자신과 상대방이 개성을 지닌 별개의 개체임을 진실로
인정하는 것, 이런 기반 위에서만이 성숙한 결혼 생활이
가능하고 참사랑도 자랄 수 있다.

_모건 스콧 펙

🐾　　　사랑도 결혼도 서로의 인격을 인정하고 서로 존중하는
마음 위에서 이루어져야 한다는 스콧 펙의 명언은 우리 모두 가
슴에 새겨야 할 말입니다. 따라서 서로에게 상처를 주는 어떤 비
인간적인 말이나 행위도 함부로 해서는 안 됩니다. 또한 결혼 생
활도 정의라는 규범 위에서 행해져야 합니다. 특히 부부간은 물
론 부모와 자녀 간에도 사랑의 매라는 것은 있을 수 없습니다.

결혼의 3요소

사랑의 기초는 존중이다. 결혼은 친밀감, 우정, 사랑의
3단 기어다.
_피터 유스티노프

🍂 　　배우 철학자 유스티노프가 결혼의 3요소로 친밀감, 우
정, 사랑을 말한 것은 의미 깊습니다. 사랑보다 존중에 기초한
친밀감과 우정을 앞세운 것입니다. 그 두 가지를 바탕으로 한 사
랑이어야 참된 사랑이라고 할 수 있습니다. 유니세프의 친선 대
사를 지내기도 한 유스티노프는 아이들이야말로 우리가 확신할
수 있는 유일한 형태의 불멸이라고도 했습니다. 사랑의 결과인
불멸의 아이들을 낳는 사랑도 불멸입니다. 부모와 자녀의 관계
도 서로를 존중하고 사랑하는 것입니다.

Autumn of Love 180

부도덕한 결혼

사랑은 합법적인 결혼이 없어도 도덕적이지만, 사랑이 없는 결혼은 부도덕하다.

_엘렌 케이

🐾 　　엘렌 캐롤리나 소피아 케이(Ellen Karolina Sofia Key, 1849~1926)는 스웨덴의 여류 사상가이자 교육자로 사랑과 결혼에 대한 진보적인 견해를 처음으로 밝힌 선구자였습니다. 사랑보다 신분이나 재산을 중시한 당시의 결혼 풍토를 비판하면서 동시에 결혼과 무관한 사랑을 긍정한 점에서 현대적인 사랑의 선구자라고 할 수 있습니다.

결혼을 이루는 두 가지

결혼은 30퍼센트의 사랑과 70퍼센트의 용서이다.

_로버트 루이스 스티븐슨

🐾 　　인간의 이중성을 꿰뚫어 본 사람으로 유명한 스티븐슨은 결혼에 대해서도 사랑과 용서라는 두 가지 측면이 있고, 그중에서 특히 서로에 대한 이해와 용서가 가장 중요하다고 말합니다. 모든 결혼은 사랑으로 시작하지만, 그 결혼을 유지하기 위해서는 사랑만으로 부족하고, 서로에 대한 용서와 인내가 필요합니다. 그러나 용서 역시 사랑에서 나오는 것이라면, 결국 결혼은 100퍼센트의 사랑이라고 할 수 있지 않을까요?

결혼하기 전에 해야 할 질문

결혼 생활을 시작하면서 다음과 같이 자문해 보라. '나는 내가 늙은이가 될 때까지 이 여자와 대화를 나눌 수 있을 것인가?' 이것 외에 모든 것은 일시적인 문제일 뿐이다. 함께하는 삶에서 가장 중요한 것은 두 사람 간의 대화다.
_프리드리히 니체

프리드리히 니체의 《인간적인 너무나 인간적인》에 나오는 말입니다. 정말 좋은 말입니다. 그러나 니체가 결혼을 찬양한 것은 아닙니다. 그는 "연애란 단기간의 실수지만, 결혼은 단기간의 실수에 마침표를 찍는 장기간의 실수"라고 했습니다. 즉 연애도 결혼도 기간의 차이가 있을 뿐 실수이기는 마찬가지라는 것입니다. 그러나 인간으로서 할 수밖에 없는 실수라면 하는 편이 좋다고 생각합니다. 어차피 실수이니 처음부터 하지 않겠다고 하는 것보다는 실수로 끝나더라도 해 보는 것이 좋습니다.

니체가 남긴 말 중에 "여러 가지 한숨이 있다. 몇몇 남자들은 아내가 유혹당하여 한숨을 쉰다. 대부분의 남자들은 누구도 아내를 유혹하지 않기 때문에 한숨을 쉰다"라는 말도 있지만, 과연 그럴까요?

가장 위대한 업적

내 생애에서 가장 뛰어난 업적은 아내를 설득해서 결혼
한 나의 능력이다.

_윈스턴 처칠

🍂   20세기 가장 위대한 정치가인 영국의 윈스턴 레너드
스펜서 처칠(Winston Leonard Spencer Churchill, 1874~1965)이 자신의
정치적 업적보다 결혼을 꼽은 것이 감동적입니다. 이는 누구에
게나 수긍되는 바입니다. 누가 사랑의 결과인 결혼 외에 더 위대
한 업적을 말할 수 있을까요? 영국에는 사랑에 실패해서 정치를
한다는 말도 있고, "남자들이 정치에 뛰어드는 유일한 이유는 자
신의 결혼 생활이 불행하기 때문이다"라는 말도 있지만, 적어도
처칠에게는 해당되지 않는 말 같습니다.

최고의 남편감

고고학자는 여자가 얻을 수 있는 최고의 남편이다. 그는
아내가 늙을수록 아내에게 더욱 흥미를 느낀다.
_애거사 크리스티

🍂　　　20세기 영국의 가장 위대한 여류 추리 소설가인 애거
사 크리스티(Agatha Christie, 1890~1976)는 부부가 늙을수록 서로에
게 더욱 관심을 가져야 한다고 말합니다. 나이가 들수록 사랑보
다 서로의 인격을 존중하는 우정이 중시되기 때문입니다. 그녀
자신도 늙어서 연하의 고고학자와 재혼했습니다.

결혼은 교양을 증명하는 기회

결혼 생활은 모든 문화의 시작이며 정상(頂上)이다. 그것
은 난폭한 자를 온화하게 하고, 교양이 높은 사람에게는
그 온정을 증명하는 최상의 기회이다.

_요한 볼프강 폰 괴테

🍂 　　　괴테는 "결혼 생활은 참다운 뜻에서 연애의 시작이다"
라며 결혼을 찬양했습니다. 그는 많은 여인들과 사랑을 나누었
지만 결혼은 한 번만 했습니다. 1806년 쉰일곱 살 때 마흔한 살
인 크리스티아네 불피우스(Christiane Vulpius)와 결혼한 것입니다.
가난한 하급 관리의 딸로 태어나 교육도 제대로 받지 못한 여자
였습니다. 두 사람은 1788년부터, 즉 괴테가 서른아홉 살, 그녀
가 스물세 살이었을 때부터 동거했으니 동거한 지 18년 만에 결
혼한 것입니다. "교양이 높은 사람에게는 그 온정을 증명하는 최
상의 기회"가 결혼이라는 말은 자신의 결혼을 비유하는 것인지
도 모릅니다(그러나 지금은 아무리 교양이 높다고 해도 그렇게 말하면 안 되겠
지요). 그런 온정을 받은 그의 아내는 행복했을지 모르지만, 결혼
한 지 10년 만인 쉰한 살에 죽었습니다.

뜨거운 사랑에서 안전한 가슴앓이로

결혼이란 사랑의 작열을 조금씩 가슴앓이로 변화시켜 가는 안전장치이다.

_장 주네

프랑스의 소설가 장 주네(Jean Genêt, 1910~1986)가 사랑이 불타올라 결혼을 하면 조금씩 가슴앓이로 변하게 된다고 본 것은 누구나 공감할 수 있는 명언입니다. 가슴앓이의 이유는 무수히 많습니다. 배우자에 대한 실망도 있고 자식에 대한 가슴앓이도 있기 마련입니다. 그러나 결혼은 그것을 안전하게 추구하기 위한 장치이니 불안해할 필요 없습니다.

사랑이 있어야 결혼이다

결혼을 신성하게 할 수 있는 것은 오직 사랑이며, 진정한
결혼은 사랑으로 신성해진 결혼뿐이다.

_레프 톨스토이

🐾　　　19세기 러시아의 소설가 톨스토이는 결혼 전에 몇 명
의 여인을 사랑했지만 결혼 후에는 부인에게 충실했습니다. 톨
스토이 부부만큼 갈등도 심했지만 사랑도 깊었던 부부는 없을 것
입니다. 그의 아내 소피 톨스토이는 "사람이 사랑만으로 살 수는
없다. 그런데 나는 너무 어리석어서 오로지 톨스토이를 생각하
는 것 이외에는 다른 것을 할 수가 없다"라고 했습니다. 소피 톨
스토이를 흔히 악처라고 하지만, 이 말을 보면 그렇지 않다는 생
각이 듭니다. 그녀는 평생 톨스토이의 원고를 정리했고, 그가 죽
은 뒤에도 방대한 그의 전집을 편찬했을 정도로 톨스토이 문학에
서 없어서는 안 될 사람이었습니다. 톨스토이는 "자기 가족에 대
한 사랑은 동물적 본능이다. 그것은 본능의 한계 안에 머물러 있
는 경우에만 좋은 것이다"라고 말했습니다.

Autumn of Love 188

사랑이 성장하려면 시간이 필요하다

사랑은 화살처럼 빨리 지나가는 것처럼 보인다. 그러나
그 사랑을 성장시키는 데는 시간이 필요하다. 어떤 남자
와 여자도 그들이 결혼해서 반세기가 지나기 전까지는
완벽한 사랑이 무엇인지 말할 수 없다.

_마크 트웨인

애처가로 유명한 미국의 소설가 마크 트웨인(Mark
Twain, 1835~1910)은 사랑을 알기 위해서는 시간이 필요하다고 합
니다.

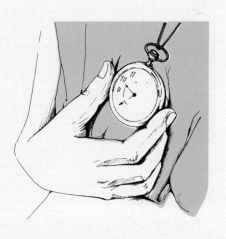

매일 결혼하듯이

성공적인 결혼은 날마다 다시 지어야 하는 건물이다.

_앙드레 모루아

앙드레 모루아는 매일 새롭게 시작해야 결혼이 성공한다고 말합니다. 매일 결혼을 하듯이 말입니다. 우리 모두 그런 느낌으로 결혼 생활을 한다면 불행은 없을지도 모릅니다. 모루아는 "좀 더 열린 마음으로 인생사를 바라보면, 가지지 못해 아쉬워했던 것들이 사실 그토록 간절히 원했던 것은 아님을 알게 된다"라고도 했습니다. 연애나 결혼도 마찬가지일 것입니다.

가정이라는 성

결혼은 가위의 두 날과 같다. 두 날은 대개의 경우 반대
방향으로 움직이지만 그 사이에 끼어들어 오는 자를 항
상 처벌한다.

_스티비 스미스

20세기 영국의 여류 시인 스티비 스미스(Stevie Smith,
1902~1971)는 부부의 대립에도 불구하고 부부 관계에 끼어드는
제3자에 대해서는 부부 모두 배타적이라는 점을 말합니다. 영국
에서는 가정을 하나의 성이라고 부를 정도로 프라이버시를 존중
합니다. 그것이 가정의 평화를 지켜 주는 요인일지도 모릅니다.

Autumn of Love 191

행복한 결혼 생활을 위한 10계명

결혼은 훌륭한 제도지만 제도 속에 살기를 원하는 사람
은 없다
_헨리 멘켄

멘켄은 결혼 생활 10계를 말합니다. 첫째, 결혼 생활의
목표를 가져라. 둘째, 결혼 전에는 두 눈을 뜨고 결혼 후에는 한
눈을 감아라. 셋째, 비교당하면 비참해지고 비밀은 비극을 잉태
한다. 넷째, 화를 품은 채 잠들지 마라. 다섯째, 마주 보지 말고
같은 방향을 보아라. 여섯째, 돈을 사용하는 데 하나가 되어라.
일곱째, 입술의 30초가 가슴의 30년이다. 여덟째, 침실의 기쁨을
유지하라. 아홉째, 서로 격려하고 신바람 나게 하라. 열째, 기도
로 하루를 열고 기도로 하루를 닫아라.

Autumn of Love 19 2

결혼은 함께 나누는 것

아내는 자기만의 정열을 가져서는 안 된다. 진지함과 농담, 우울과 웃음을 남편과 나누어 가져야 한다.
_플루타르코스

🐚 《영웅전》으로 유명한 그리스의 철학자이자 전기 작가인 플루타르코스(Ploutarchos, 46~120)의 수필을 모은 《윤리논집》에 실린 글입니다. 부부가 사랑으로 기쁨과 슬픔을 함께 나누어야 한다는 것은 지금 우리에게도 필요한 지혜입니다. 어쩌면 부부가 그 하나를 담당해야 하는 것 아닐까요? 남편이 너무 진지하면 아내가 농담을 하고, 마찬가지로 우울과 웃음을 서로 나누는 식으로 말이지요.

229

Autumn of Love 19 3

부부 싸움은 필요 불가결

결혼 생활에서 제일 좋은 것은 부부 싸움이고 나머지는
그저 그렇다.

_손턴 와일더

20세기 미국의 극작가 손턴 나이번 와일더(Thornton
Niven Wilder, 1897~1975)가 결혼 생활에서 부부 싸움을 가장 중시
한 것은 싸움 자체를 찬양해서가 아니라 그것이 가장 인간적인
면모이기 때문입니다. 건강한 부부 싸움이라면 결혼 생활의 필
요 불가결한 향신료가 될 수도 있습니다. 와일더는 "살아 있는
자들의 세상과 죽은 자들의 세상이 있습니다. 그 두 곳을 이어 주
는 다리는 사랑입니다. 사랑만이 살아남을 것이며 사랑만이 유
일한 의미입니다"라는 말을 남기기도 했습니다.

결혼한 뒤에는 눈을 감아라

결혼하기 전에는 두 눈을 크게 뜨고 결혼 뒤에는 반쯤 감아야만 한다.

_벤저민 프랭클린

🌼 　　18세기 미국의 정치가 벤저민 프랭클린(Benjamin Franklin, 1706~1790)이 남긴 명언입니다. 배우자를 고를 때는 정신을 차려야 하지만, 일단 결혼한 후에는 상대방의 결점을 보더라도 눈을 감는 것이 현명하다는 것입니다.

훌륭한 결혼 생활을 위해 필요한 것

훌륭한 결혼 생활을 보내기 위해 필요한 것은, 아내의 분별심이 남편의 분별심과 꼭 마찬가지여야 한다는 것이다. 그것을 넘어서면 좋은 결과가 나올 수 없다.

_도로테아 폰 슐레겔

🌰　　독일의 문필가 도로테아 폰 슐레겔(Dorothea von Schlegel, 1763~1839)의 《일기》에 실린 글입니다. 그녀는 독일 낭만주의자인 카를 빌헬름 프리드리히 폰 슐레겔(Karl Wilhelm Friedrich von Schlegel)의 아내로서, 지성적인 부부로 살았던 경험을 바탕으로 부부 사이의 분별심을 강조하고 있습니다. 분별심이란 세상 물정에 대한 바른 생각과 판단을 뜻합니다. 부부 모두 그런 분별심을 가져야 결혼 생활이 훌륭하게 이루어질 것입니다.

가장 행복한 결혼

가장 행복한 결혼은 귀머거리 남자와 눈먼 여자의 결혼
이다.
_새뮤얼 콜리지

영국의 낭만주의 시인 새뮤얼 테일러 콜리지(Samuel
Taylor Coleridge, 1772~1834)가 남의 말을 신중하게 듣고 사치스럽
지 않은 남녀의 결합을 가장 행복한 결혼이라고 한 것은 동서고
금의 진리일 것입니다. 콜리지는 "남성은 여성을 욕구하고, 여성
은 남성의 욕정을 욕구한다"라고 했습니다.

사랑 없는 결혼의 결말

사랑이 없는 결혼을 하는 남녀는 배우자가 아닌 다른 사
람들을 사랑하지 않을 수 없을 것이다.

_해리엇 마르티노

    🌸   19세기 영국의 급진적인 여류 저술가 해리엇 마르티노
(Harriet Martineau, 1802~1876)가 말한 사랑 없이 결혼하면 결국 불
륜을 저지르게 된다는 경고는 지금 우리에게도 통하는 것입니
다. 난청과 심장병 등 여러 신체 결함에도 불구하고 뛰어난 지식
인이었던 마르티노는 노예제 폐지 운동을 지지하는 한편 자유방
임주의 경제학을 거부하고 좀 더 이상적인 체계를 지향했습니
다. 사랑하는 남녀의 결혼도 그녀와 같은 19세기 선구적인 여성
들이 지향한 것이었습니다. 남녀평등도 중요하지만 사랑이 있는
결혼이 그보다 더 중요하다는 것입니다.

Autumn of Love 198

결혼은 반드시 자발적으로

강요된 결혼은 지옥과 같고, 일생을 두고 불화와 알력이
멎지 않는다.
_월리엄 셰익스피어

500년 전에 셰익스피어가 사랑과 결혼의 자발성을 강
조했다니 놀랍습니다. 그 전형이 로미오와 줄리엣의 사랑일 것
입니다. 그래서 《로미오와 줄리엣》은 지금도 인류의 사랑을 받는
가장 위대한 작품입니다. 셰익스피어는 "교수형과 결혼은 운명
에 따른다"고도 했습니다. 셰익스피어가 교수형과 결혼을 꼭 같
은 운명의 불행으로 본 것은 아닐 것입니다. 그러나 결혼을 평생
의 인연이라고 생각한 우리 조상들처럼 셰익스피어도 결혼을 운
명적으로 보았음에 틀림없습니다.

매서운 바람처럼 가슴을 시리게 하는 사랑의 슬픔에 관한 말들. 이별의 고통, 미움, 사랑의 허무 등을 말하지만 그럼에도 불구하고 헛된 사랑은 없다고, 다시 사랑하라고 말한다. 더불어 사랑과 결혼에 대한 환상에서 벗어나 현실을 직시하게 하는 냉철한 말들도 담겨 있다.

사랑의 겨울

...

사랑은 결코 낭비되지 않는다

Winter of Love 199

사랑의 두 얼굴

사랑이여, 그대, 온몸을 녹이는 자여, 나를 다시 흔드는
구나, 사랑스럽고 무정한 저항할 수 없는 존재여.
_사포

🖌 플라톤이 제10의 뮤즈라고 부른 고대 그리스의 여류
시인 사포(Sappho, 기원전 612?~?)는 사랑의 출현을 누구보다 절실
하게 묘사했습니다. 그녀는 선원 파온을 열렬히 사랑했으나 끝
내 그 사랑을 이룰 수 없어 자살했다고 합니다. 사랑이 이루어지
지 않을 경우 그 고통은 너무나 큽니다. 사랑의 두 얼굴인 기쁨과
슬픔은 수천 년간 수많은 인간의 상상력을 자극했습니다.

헤어진 뒤에야 알 수 있는 것

이별의 시간이 오기까지는 사랑의 깊이를 알 수 없다.

_칼릴 지브란

🐾　　그렇습니다. 이별의 아픔이 있어야만 사랑이 얼마나 깊었는지 알 수 있다는 것은 사랑의 아이러니입니다. 이별하기 전에 사랑의 깊이를 알 수 있다면 이별하지 않을지도 모르지만, 그것은 인간의 한계를 뛰어넘는 일입니다. 칼릴 지브란은 "정열 적인 사랑은 가라앉힐 수 없는 갈증이다"라고 말했습니다. 사랑 의 확신이 없으면 불행합니다. 그러나 사랑만큼 불확실한 것이 또 있을까요? 어떻게 하면 사랑을 확신할 수 있을까요? 이성적 인 판단도 사랑을 확신하게 할 수 없습니다. 그러나 인생을 살아 가는 데 사랑이 큰 원동력이 되는 것은 분명합니다.

헛된 사랑은 없다

헛된 사랑이었다고 말하지 마라. 사랑은 결코 낭비되지
않는다. 비록 그것이 상대방의 마음을 윤택하게 하지 못
했다고 하더라도 그 물은 빗물과 같이 다시 그들의 생으
로 돌아와 새로움으로 가득 채워진다.

_헨리 워즈워스 롱펠로

🐚   19세기 미국의 시인 헨리 워즈워스 롱펠로(Henry
Wadsworth Longfellow, 1807~1882)는 성공한 사랑은 물론 실패한 사
랑도 빗물처럼 다시 돌아와 삶을 새롭게 한다고 노래합니다. 그
러나 사랑의 성공이나 실패, 낭비니 아니니 하는 판단 자체가 문
제 아닐까요? 사랑 자체에 의의가 있다면 그 결과가 어떻든 관계
없는 것 아닐까요?

Winter of Love 202

사랑은 변한다

사랑이란 쉽게 변하기에 더욱 사랑해야 한다.
_윌리엄 서머싯 몸

🌿　　영국의 소설가 윌리엄 서머싯 몸(William Somerset Maugham, 1874~1965)의 《레드》에 나오는 말입니다. 서머싯 몸은 《달과 6펜스》, 《인간의 굴레》 등으로도 유명합니다. 촌철살인적인 풍자와 해학으로 삶을 시니컬하게 들여다보는 그가 사랑은 쉽게 변하는 만큼 더욱 사랑해야 한다고 너무나 진지하게 말해 놀랍습니다. 사랑이 어떻게 변할 수 있는가 개탄하는 사람도 있지만, 이는 아직 삶의 맛을 제대로 보지 못한 사람의 넋두리입니다. 사랑은 언제나 변할 수 있음을 깨닫고 그렇게 되지 않도록 노력해야 합니다.

그는 "연애의 비극은 죽음이나 이별이 아니다. 두 사람 중 어느 한 사람이 이미 상대방을 사랑하지 않게 된 날이 왔을 때이다"라고 했습니다. 또한 "가장 오래 지속되는 사랑은 다시는 돌아오지 않는 사랑이다"라고 했습니다. "여자의 사랑이란 낡은 도자기와 같아서 한두 군데 이가 빠진다고 해도 별문제 될 것이 없다"라고도 했는데, 남자의 경우도 마찬가지 아닐까요?

Winter of Love 203

한 사람과 한결같이

사랑에 빠지기는 쉽다. 사랑에 빠져 있기도 쉽다. 인간은
원래 외로운 존재이므로. 하지만 한 사람 곁에 머물면서
그로부터 한결같은 사랑을 받기란 결코 쉽지 않다.

_안나 루이스 스트롱

🍂 　　미국의 여성 언론인 안나 루이스 스트롱(Anna Lewis
Strong, 1885~1970)은 특히 중국과 러시아와 북한의 공산주의 운동
을 취재한 것으로 유명하지만, 같이 활약한 아그네스 스메들리
(Agnes Smedley)나 에드거 스노(Edgar Snow)만큼 우리나라에서는 유
명하지 않습니다. 20세기 전반기 전 세계를 누비며 사회주의자
로 살았던 스트롱이 남긴 사랑에 대한 잠언은 그녀의 험난한 삶
의 역정에서 나온 말이지만, 우리에게도 공감을 주어 널리 회자
되어 왔습니다.

사랑하지 않는 것보다는 낫다

사랑은 유일무이한 황금이다.

_앨프리드 테니슨

🐾 　　19세기 영국의 시인 앨프리드 테니슨(Alfred Tennyson, 1809~1892)은 "전혀 사랑하지 않는 것보다는 사랑을 하고 실연을 당하는 것이 더 낫다"라고 했습니다. 실연을 당하더라도 사랑하기를 권합니다.

미움 뒤에는 사랑이 있다

미워하고 있으면서 사랑하는 까닭은
어이 된 일이냐고 의아해하겠지만
아무 까닭도 없이 이렇게 된 것은
어찌할 수 없는 운명이 아니리.
_가이우스 발레리우스 카툴루스

고대 로마의 시인 가이우스 발레리우스 카툴루스(Gaius
Valerius Catullus, 기원전 84~기원전 54)의 〈사랑과 마음〉에 나오는 말
입니다. 카툴루스는 미워하면서도 사랑한다고 노래합니다. 자신
이 왜 이러는지 묻는 사람에게는 모른다고 답하지만 그런 지경에
빠진 자신을 느끼고 있음이 분명합니다.
사랑과 증오를 읊은 그의 시는 일반적으로 고대 로마에서 가장
뛰어난 서정시로 간주되고 있습니다. 25편의 시에서 레스비아라
는 여인에 대한 사랑을 노래했는데, 이 여인이 누구인지는 확실
하지 않습니다. 그 밖의 시에서는 율리우스 카이사르(Julius Caesar)
등에 대한 경멸과 증오를 독설적으로 표현했습니다.

사랑이 깊으면 증오도 깊다

최고의 와인이 강한 식초로 바뀌듯이, 아무리 깊은 사랑
일지라도 서로가 틀어졌을 때는 무서운 증오로 바뀌는
법이다.

_존 릴리

영국의 극작가 존 릴리(John Lyly, 1554?~1606)는 사랑의
변화에 대해 말합니다. 사랑은 변하는 것입니다. 신디 하잔(Cindy
Hazan)이라는 현대 과학자는 사랑의 감정이란 도파민, 페닐에틸
아민, 옥시토신이라는 세 가지 물질이 대뇌에서 분비되어 서로
칵테일처럼 섞이는 과정에서 발생하는 화학 반응이다"라고 하
며, "누군가를 만나 가슴이 울렁거리고 환희에 젖어 그가 없으면
죽을 것 같은 사랑은 길어 봐야 2년 반을 넘지 못한다"라고 했습
니다.

사랑의 고통을 치유하는 법

사랑의 치료 방법은 더욱 사랑하는 것뿐이다.

_헨리 데이비드 소로

🐾　　19세기 미국의 사상가 헨리 데이비드 소로(Henry David Thoreau, 1817~1862)는 사랑에 실패할 때나 사랑을 얻지 못할 때 인간이 할 수 있는 것은 더욱 사랑하는 것뿐이라고 말합니다. 간단한 이야기이지만 심오한 진실을 담고 있습니다. 사랑으로 고통받을 때도 더욱 사랑하는 것밖에 다른 방법이 없는 것입니다.

Winter of Love 208

움켜쥐면 달아난다

사랑은 손 안에 머문 수은과 같다. 손가락을 펴도 수은은
손바닥에 남지만 잡으려고 움켜쥐면 멀리 달아난다.
_도로시 파커

🐾　　　미국의 시인이자 소설가인 도로시 파커(Dorothy Parker,
1893~1967)는 자신의 사랑 경험을 바탕으로 한 많은 사랑의 시에
서 특히 안타까운 사랑의 마음을 노래했습니다. 〈두 권의 소설〉
이라는 시에서는 "해가 흐릿해지고 / 달은 깜깜해졌다. / 나는 그
대를 사랑했건만 / 그대는 날 사랑하지 않아서"라고 노래했고,
〈코다〉에서는 "예술은 배설의 한 방식이고, / 사랑은 끝없이 실패
로 끝나며, / 노동은 가축이 하는 일이고, / 휴식은 조가비 속에 기
어드는 것"이라고 노래했습니다.

사랑은 갈증과 같은 것

사랑은 자기가 탐내는 대상을 즐기려는 무한한 갈증에
불과하다.
_미셸 드 몽테뉴

16세기 프랑스의 모럴리스트 철학자 미셸 에켐 드 몽
테뉴(Michel Eyquem de Montaigne, 1533~1592)의 《에세》에 나오는 말
입니다. 몽테뉴는 소크라테스나 플라톤처럼 사랑에 대해 냉정하
게 사고합니다. 자신이 바라는 상대에 대한 갈증이 사랑이라고
하기 때문입니다. 그는 "사랑은 질서를 모른다"라고 했습니다.
사랑은 무질서하고, 사랑에는 체계가 없으며, 사랑은 어지럽다
는 것입니다.

사랑에서 벗어나고 싶다면

사랑은 일에 굴복한다. 사랑에서 벗어나고 싶다면 바쁜
사람이 되라. 그러면 안전해질 것이다.

_푸블리우스 나소 오비디우스

약 2,000년 전 고대 로마의 시인 오비디우스도 사랑 때
문에 고민이 많았던 모양입니다. 사랑의 번뇌에서 벗어나기 위
해 일에 열중하라는 권유는 사랑의 열정을 이겨 내는 현실적인
방안으로 효과가 있을 것입니다.

그는 "권위와 사랑은 잘 어울리지 못하고 한 집에서 같이 오래
머물지도 않는다"라고 했습니다. 오비디우스는 로마 제국 귀족
들의 권위주의적인 사랑을 비판하고 보다 인간적인 사랑을 노래
했습니다. 그런데 2,000년이 지난 지금도 우리의 사랑에 권위주
의가 남아 있다면 조금 슬픈 일 아닐까요?

사랑하면 무섭지 않다

사랑은 두려움과 섞일 수 없다.
_루키우스 안나이우스 세네카

🐚　　1세기 고대 로마의 철학자 루키우스 안나이우스 세네카(Lucius Annaeus Seneca, 기원전 4~기원후 65)는 폭군 네로의 스승으로 유명하지만, 키케로와 함께 로마 철학의 양대 산맥이라고 일컬어진 당대의 최고 지성인이었습니다. 그는 "사랑의 방법은 오로지 지혜로운 사람만이 안다"라고 했지만 과연 그럴지 의문입니다. 그러나 사랑은 어떤 공포심도 없애 주고, 사랑하는 사람과 함께 있으면 그 무엇도 무섭지 않다는 것은 동서고금의 많은 사랑 이야기가 우리에게 남긴 지혜입니다.

그는 또 "사랑보다 더 쉽게 다시 자라는 것은 없다"라고 했습니다. 사랑은 언제나 다시 자란다니, 사랑에 실패한 사람은 누구라도 그의 말을 믿고 사랑이 다시 찾아오기를 기다리기 바랍니다.

사랑의 허무

오오, 이렇듯 무정하기 한없는 사랑이여
내 사랑의 불길을 제어할 수 있음에도
세월 지나 오만한 그대의 마음에
뜻하지 않게 백발이 돋아나게 되고
지금은 눈썹 가까이 휘날리고 있는
따 늘인 머리카락도 짧게 잘라 없어질 때,
그리고 지금은 비록 장미꽃보다도
더 붉고 어여쁜 발그스름한 볼이
갑자기 변해 버려 리그리누스여, 핏기 없는
창백하고 시들어 버린 얼굴이 되었을 때,
거울을 마주하고 변해 버린 모습 보며
그때마다 그대는 한숨 쉬며 말하리.
아아, 왜 오늘에야 느끼는 이 감정을
젊은 날에는 지니지 아니했던가.
아니, 왜 지난날의 생기 어린 그 모습이
이와 같이 젊은 기분인데 돌아오지 않는가.

_퀸투스 호라티우스 플라쿠스

고대 로마의 시인 퀸투스 호라티우스 플라쿠스(Quintus Horatius Flaccus, 기원전 65~기원전 8)의 〈무정한 사랑이여〉입니다. 그는 사랑의 허무를 노래하여 사랑의 기쁨을 더욱 돋보이게 합니다. 그는 "사랑을 할 줄 아는 사람은 자기의 정열을 지배할 줄 아는 사람이다. 이와 반대로 사랑을 할 줄 모르는 사람은 자기의 정열에 지배를 받는 사람이다"라는 명언을 남기기도 했습니다.

또한 "쾌락을 경멸하라. 고통으로 얻는 쾌락은 해로운 것이다"라고 했습니다. 사랑을 쾌락, 특히 육체적 쾌락으로 추구하는 것은 잘못입니다. 모든 쾌락을 경멸할 필요야 없겠지만, 상대방을 진실한 사랑의 대상이 아닌 쾌락의 대상으로만 여긴다면 반드시 고통이 따를 것입니다.

Winter of Love 213

사랑을 사랑하다

연애 초기에 여성이 사랑하는 것은 남성이지만 연애 말기에 사랑하는 것은 애정 그 자체다.

_프랑수아 드 라로슈푸코

🍃 라로슈푸코의 《잠언과 성찰》에 실린 글입니다. 라로슈푸코는 "연애를 정의하기란 쉽지 않다. 우리가 말할 수 있는 것은 이렇다. 영혼에 있어서는 지배의 감정이고, 정신에 있어서는 동정이며, 육체에 있어서는 많은 비밀을 거듭한 후 사랑의 상대를 소유하려는 은밀하고도 미묘한 욕망이다"라고 했습니다.

사랑이 종교라면

사랑에 빠지는 것은 오류를 범할 수 있는 신을 믿는 종교
를 만드는 것이다.
_호르헤 루이스 보르헤스

　　　20세기 아르헨티나의 최고 작가인 호르헤 루이스 보르
헤스(Jorge Luis Borges, 1899~1986)는 기존의 절대 신을 믿는 종교와
달리 실수도 할 수 있는 신을 믿는 것이 사랑이라고 말합니다. 우
리 모두 사랑하는 사람을 숭배하지만 그 사람이 실수도 할 수 있
는 인간임을 잘 압니다. 간결한 문체로 현실과 현실 이면에 감춰
져 있는 인간 존재의 비밀을 직관과 상상력으로 간결하게 추구하
는 것을 보르헤스적인 표현이라고 하는데, 이 구절도 그 맛을 느
끼게 합니다.

사랑이 부르거든

사랑이 그대를 손짓해 부르거든 그것을 따르라.
비록 그 길이 힘들고 가파를지라도.
사랑의 날개가 그대를 감싸 안으면 그것에 몸을 온통 내
맡겨라.
비록 그 날개 속에 숨은 칼이 그대에게 상처를 입힐지라도.
그리고 사랑이 그대에게 말할 땐 그것을 믿으라.
비록 북풍이 저 뜰을 폐허로 만들듯 사랑의 목소리가 그
대의 꿈을
흩트려 놓을지라도.
왜냐하면 사랑은 그대에게 면류관을 씌워 주지만,
또 그대를 십자가에 못 박기도 하니까.
사랑은 그대를 성숙시키지만
또 그대를 꺾어 버리리.
_칼릴 지브란

칼릴 지브란의 《예언자》에 나오는 말입니다. 지브란은 사랑이 찾아오거든 의심도 부정도 하지 말고 무조건 따르라고 합니다. 그리고 저항도 주저도 없이, 마음을 반만 내놓지도 말고 무조건 사랑에 몸을 내맡기라고 합니다. 사랑은 상처를 주기도 하고 미움을 낳기도 하며 꿈을 죽이기도 하고 꺾어 버리기도 하지만, 다 버리고 무조건 믿으라고 합니다. 믿음은 머리에서 나오는 논리가 아니라 가슴에서 나옵니다. 삶도 사랑도 논리가 아닙니다. 그것은 두 마음의 만남입니다. 사랑은 집착이고 소유라고도 하지만 사실은 그 반대입니다. 집착은 사랑을 파괴합니다. 사랑은 자유입니다.

날카로운 첫사랑의 추억

첫사랑이 엮어 내는 꿈이 단 것은 나무에 피는 꽃보다 더
빨리 시들고 떨어져 버리기 때문이다.

_에마누엘 가이벨

    🍵   19세기 독일 시인이자 극작가인 에마누엘 가이벨
(Emanuel Geibel, 1815~1884)은 고전적이고 이상주의적인 작품을 썼
습니다. 첫사랑의 달콤함과 덧없음은 누구나 경험하는 것 아닐
까요? 첫사랑이 특별하게 강렬한 것은 갑작스럽게 기적처럼 다
가오기 때문일지도 모릅니다. 그것은 너무나 압도적이어서 잠시
떨어져 있는 것도 견디지 못하게 합니다.

첫사랑의 신비

첫사랑의 마력은 그것이 언젠가 끝날 수 있다는 것을 모
르는 우리의 무지에 있다.

_벤저민 디즈레일리

🐝 　　19세기 영국의 정치가이자 소설가인 벤저민 디즈레일
리(Benjamin Disraeli, 1804~1881)는 첫사랑의 신비를 이야기하면서
첫사랑이 설레고 두근거리고 비이성적이라는 것을 강조하는 듯
합니다. 첫사랑은 이루어지지 않는다는 말도 있지만, 처음 사랑
할 때는 그 사랑이 영원하리라는 믿음이 큽니다. 또한 첫사랑이
끝날 때는 다시는 그런 사랑을 못 할 것 같은 기분에 빠집니다.

이토록 깨지기 쉬운 첫사랑

첫사랑을 믿을 수 있는 정도는 최초의 악수로 상대를 판
단하는 경우와 같은 정도다.

_조지 버나드 쇼

🐌 　　　재치 넘치는 구절이어서 굳이 설명할 필요가 없을 것입
니다. 버나드 쇼는 "우물쭈물하다가 내 이럴 줄 알았지"라는 묘비
명으로도 유명한데, 마치 첫사랑을 후회하는 듯하기도 합니다.

첫사랑과 마지막 사랑

남자는 늘 여자의 첫째 애인이 되고 싶어 하지만 그것은
어리석은 허영심이다. 여자는 보다 더 빈틈없는 본능을
갖고 있다. 여자가 바라는 것은 남자의 마지막 애인이 되
는 것이다.
_오스카 와일드

🍃　　　흔히들 남자는 여자의 첫사랑이기를 바라고, 여자는
남자의 마지막 사랑이기를 바란다고 합니다. 오스카 와일드는
그런 남자의 마음만이 허영이라고 하지만, 여자의 그런 마음도
허영일지 모릅니다. 또한 와일드는《도리언 그레이의 초상》에서
"나는 남자라면 미래를 가진 사람, 여자라면 과거를 가진 사람을
좋아한다"라고 했습니다.

지키지 않을 맹세

남자의 맹세는 여자를 배신한다. 그것은 여자를 유혹하는 미끼다.

_윌리엄 셰익스피어

🖐   사랑의 맹세란 유혹을 위한 허위의 수단일 뿐일까요? 셰익스피어는 우리에게 그렇게 맹세하지 말기를 촉구하는 것일까요? 우리 모두 사랑하는 사람에게 어떤 맹세를 했고 지금도 그것을 지키고 있는지 되돌아볼 필요가 있습니다.

연애는 착각의 산물

연애 감정이란 서로가 상대방을 오해하는 데서 생겨난다.
_오스카 와일드

🍃　　연애란 오해나 착각에서 생긴다는 말은 연애가 끝난
뒤 후회할 때 하는 말일 것입니다. 어쩌면 달콤한 오해이고 즐거
운 착각일지도 모릅니다. 와일드는 19세기 말 '예술을 위한 예술'
을 주창한 영국 유미주의 운동의 대표자입니다. 동성연애와 연
루된 유명한 민사 · 형사 재판에서 유죄 판결을 받고 2년간 복역
하기도 했습니다. 은밀한 죄나 무분별한 행위, 그 결과로 야기되
는 망신 등을 줄거리로 삼은 명작을 썼지만 만년에는 가톨릭에
귀의했습니다.

Winter of Love 2.2.2

연애를 오래 하면

여자가 20년 동안 연애를 하면 폐허처럼 보이고, 20년
동안 결혼 생활을 하면 공공건물처럼 보인다.
_오스카 와일드

🐾   연애를 오래 하면 사막처럼 삭막해지지만, 결혼 생활
을 오래 하면 훌륭한 기념탑처럼 보인다는 뜻일까요? 아니면 오
랜 결혼 생활도 그냥 공식화될 뿐이라는 것일까요? 그가 결혼에
대해서도 냉소적이었던 것을 보면 후자일 것 같기도 합니다. 와
일드는 모든 여자들은 자신의 어머니를 닮아 가는 것이 비극이지
만, 남자들은 아무도 어머니를 닮지 않는 것이 비극이라는 말을
남기기도 했습니다.

Winter of Love 223
사랑과 오페라의 공통점

사랑은 오페라와 비슷하다. 가장 아름다운 게 서곡이라
는 점에서.
_장 지로두

🐾 　　프랑스의 소설가이자 극작가인 장 지로두(Jean
Giraudoux, 1882~1944)가 연애를 오페라 서곡에 비유한 것은 연애
를 모든 예술 작품의 처음에 비유하는 것과 같습니다. 연애의 처
음은 아름다운데 그 과정이나 끝은 반드시 그렇지 않다는 것입니
다. 그는 전쟁이라는 주제를 시와 그의 작품의 특징을 이루는 친
밀성의 혼합으로 처리했습니다. "거짓말은 불행을 몰고 오는 여
신의 기수이다"라든가, "평범한 사람만이 항상 최선을 다한다"라
는 명언을 남기기도 했습니다.

지혜롭게 사랑할 수 있다면

사랑도 하고 동시에 지혜로운 사람도 되기는 불가능하다.
_프랜시스 베이컨

🐚　　　17세기 영국의 철학자 프랜시스 베이컨(Francis Bacon, 1561~1626)이 사랑과 지혜를 동시에 갖기 어렵다고 한 것은 과학을 중시한 탓일지 모릅니다. 그러나 어리석은 사랑을 무조건 찬양할 수는 없습니다. 따라서 사랑과 지혜를 동시에 갖도록 노력해야 하지 않을까요? 그가 "연애를 할 때 분별력을 가지고 도리에 어긋나지 않게 하기는 거의 불가능하다"라고 한 말도 같은 취지이지만, 이 역시 경고의 말로 들어야 할 것입니다.

사랑의 수많은 이름

아이들아. 정말 사랑은 많은 이름을 가지고 있단다.
사랑은 죽음이고, 불멸의 힘이며,
상궤를 벗어난 광란이고, 동경의 억제할 수 없는 충동이며,
고통으로 신음하는 목소리다.
사랑은 행동에 대한 욕구도, 평정도, 흉악성도 숨기고
있다.
_소포클레스

    소포클레스의 말처럼 사랑은 서로 반대되거나 어지러운 많은 이름을 가지고 있습니다. 죽음과 불멸은 서로 반대이고, 광란과 충동과 신음이라는 고통이기도 하며, 심지어 흉악하기도 합니다. 그러나 소포클레스가 말한 사랑의 여러 이름에서 눈여겨보아야 할 것은 행동과 평정 아닐까요? 주체적인 행동으로서의 사랑과 함께 모든 것을 평화롭게 만드는 힘이 사랑 아닐까요?

Winter of Love 2.2.6

누가 알겠는가 사랑을

아무도 모르리
사랑이 어떻게 나를 지배하는지
어떻게 나에게 들어와 나를 정복하는지
어떻게 내 마음을 태우고 또 얼어붙게 하는지
아무도 모르리

사랑이 왜 우리를 불행하게 하는지
허상을 쫓기에 바쁜 젊은 날이
나에게도 찾아온 것을
사랑은 나의 고통을
그리고 나를 지배하는
그 가혹함을 알게 되리

사랑은 알고 있네
우리 마음이 노예가 되기를 원할 때
잠시 맞서 보는 이성의 힘이
얼마나 나약한지
사랑은 알고 있네

독약을 가득 머금은
사랑의 가시를 간직하는 것이

얼마나 행복한지를

_피에르 드 롱사르

🐚 　　　피에르 드 롱사르의 〈그 누가 알겠는가 사랑을〉입니
다. 그는 짝사랑의 아픔이나 젊음과 아름다움의 덧없음을 한탄
하는 시를 많이 썼습니다.

Winter of Love 2.27

사랑보다 자신이 먼저

남자들이 여자들에 대해 관심을 갖는 것보다 여자들이
남자들에 대해 더 많은 관심을 가지는 이유는 무엇인가?

_버지니아 울프

🌿   20세기 영국의 페미니스트 소설가 버지니아 울프
(Virginia Woolf, 1882~1941)는 여성이 자신들의 문제보다 사랑의 대
상으로 남성을 항상 중시하는 것에 불만을 가졌습니다. 이는 여
성에게 자기 현실을 중시하라는 말이겠지만, 그렇다고 남녀의
사랑을 무시할 수는 없지 않을까요?

남녀는 서로 다른 종족

책임감을 제외한다면 여자는 남자와 같은 점이 하나도
없다. 여자는 남자보다 열등한 존재도 아니다. 여자는 그
저 다른 종족일 뿐이다.
_필리스 맥긴리

20세기 초 미국의 여류 시인이자 아동 문학가인 필리
스 맥긴리(Phyllis McGinley, 1905-1978)는 남녀를 다른 존재라고 하
지만 과연 그렇게 생각할 수 있을까요? 제가 좋아하는 그녀의 말
중에는 "인간에게는 간섭으로부터의 자유가 필요하다. 즉 이해
나 비타민, 또는 운동이나 칭찬과 마찬가지로 혼자서 즐길 수 있
는 사적인 세계도 반드시 있어야 한다"고 한 것이 있습니다.

Winter of Love 2.29

남자의 키스

남자는 최초의 키스를 훔칩니다.
두 번째 키스는 조릅니다.
세 번째 키스는 요구합니다.
네 번째 키스는 인수합니다.
다섯 번째 키스는 수용합니다.
그 뒤의 키스는 모두 참습니다.
_헬런 롤런드

🐾　미국의 여류 문인 헬런 롤런드(Helen Roland, 1876~1950)
는 남성들의 키스에 얽힌 심리를 묘사하고 있습니다. 그렇다면
여성들은 어떨까요? 모든 남성이 반드시 그렇다는 것은 아니겠
지만, 일반적인 심리 묘사로서는 흥미롭습니다. 롤런드는 "사랑
은 탐색이다. 결혼은 정복이다. 이혼은 심판이다"라고도 말했습
니다.

사랑은 계절처럼

남자는 구애할 때는 4월 같지만 결혼하고 나면 섣달이다.
처녀도 처녀 때는 5월 같지만 아내가 되고 나면 하늘빛이
변한다.

_윌리엄 셰익스피어

🐚　　　결혼을 전후한 남녀의 변화는 동서고금에 동일합니다.
사랑은 봄이고 결혼은 겨울이라는 것입니다. 그러나 봄이 있어
야 겨울이 오고 겨울이 지나야 다시 봄이 옵니다. 사랑은 계절처
럼 끊임없이 순환하는 것인지도 모릅니다.

사랑하지 못하는 슬픔

사랑을 받지 못하는 것은 슬프지만 사랑을 할 수 없는 것
은 더욱 슬프다.

_미겔 데 우나무노

스페인의 철학자 우나무노는 수동적인 사랑을 받지 못
하는 것도 슬프지만 능동적인 사랑을 할 수 없는 것은 더 슬프다
고 합니다. 그러나 사랑을 한다, 못한다는 것은 단순히 슬픔의
문제가 아니라 인간 존재의 근본 문제입니다. 우나무노는 "사랑
은 기만의 아들이고 환상의 아버지다"라고 했습니다.

Winter of Love 232

결혼하는 사람에게 호의적인 이유

사람의 본성은 흥미로운 처지에 놓인 사람들에 대해 호
의적이다. 그래서 결혼하거나 죽는 젊은이에 대해 호의
적으로 말한다.

_제인 오스틴

19세기 영국의 여류 소설가 제인 오스틴(Jane Austen, 1775~1817)은 연애와 결혼을 주제로 하는 작품을 많이 썼습니다. 그녀가 20세기 후반에 와서 세계적인 작가로 재발견된 것은 그러한 주제가 이 시대에도 보편적인 것이기 때문입니다.

결혼 후에 알게 되는 것

사랑에 사로잡힌 사람은 필연적으로 상대의 결점을 전혀
보지 못한다. 그러나 결혼 후 8일쯤 지나면 감았던 눈을
다시 뜨게 되는 게 일반적이다.
_이마누엘 칸트

🍮 　　　평생 독신으로 산 칸트의 이 말은 자신의 경험에서 나
온 것이 아니라 다른 사람들의 결혼 생활을 관찰한 결과일 것입
니다. 그래도 그는 "행복의 원칙은, 첫째 어떤 일을 할 것, 둘째
어떤 사람을 사랑할 것, 셋째 어떤 일에 희망을 가질 것이다"라
고 했습니다.

해 보고 후회해도 좋다

결혼은 해도 후회하고 안 해도 후회할 것이다.
_소크라테스

🐌   소크라테스는 악처로 유명한 크산티페와의 결혼 외에
도 두 차례나 더 결혼을 했습니다. 첫 결혼이 결코 행복하지 않았
을 텐데, 왜 두 번이나 더 했을까요? 아무리 불행해도 결혼은 좋
은 것이라고 생각했기 때문일까요? 어차피 후회할 거면 해 보고
후회하자고 생각해서였을까요?
우리도 마찬가지입니다. 소크라테스는 "어쨌든 자네에게 결혼을
권하네. 만일 자네가 좋은 아내를 얻는다면 행복한 삶을 누릴 것
이고, 그렇지 못하다면 철학자가 될 테니 말이야"라고 말했습니
다. 소크라테스 자신이 행복했다고 자위하고 아내로 인해 철학
자가 되었다고 하는 것을 보면, 그는 결혼을 후회하지 않았는지
도 모릅니다.

Winter of Love 235

결혼의 기쁨과 고통

결혼 생활에 고통보다 기쁨이 많다고는 절대로 말하지
마라.

_에우리피데스

🍃　　　고대 그리스의 극작가 에우리피데스(Euripides, 기원전
484?~기원전 406?)가 보기에 당시의 결혼 생활은 기쁨보다 고통이
컸습니다. 그 보기가 소크라테스와 그의 악처 크산티페의 결혼
생활일지도 모릅니다. 크산티페 때문에 소크라테스가 위대한 철
학자가 되었다는 말도 있지만, 두 사람의 결혼 생활이 즐겁지만
은 않았을 것입니다.

여자에게 결혼이란

여자들은 연대하는 편이 좋다. 결혼 생활에는 어떤 가치
도 없으니.

_디오게네스

거지 철학자로 널리 알려진 그리스의 철학자 디오게네
스(Diogenes, 기원전 412?~기원전 323?)는 "나는 세계 시민이다"라고
자처했습니다. 그는 "나는 현존하는 모든 가치를 다시 만든다"라
며 기존의 가치를 부정했습니다. 디오게네스는 그 현명함만큼이
나 때로는 이해할 수 없는 행동을 하여 세상 사람들을 놀라게 했
지만, 2,000년도 더 전에 결혼 생활의 무의미를 주장하며 여성들
의 연대를 촉구했다니 놀랍습니다. 아마 당시에는 여성이 무조
건 결혼해야 했기 때문일 것입니다. 그가 금욕적 자족을 강조하
고 향락을 거부하는 생활을 강조한 것은 지금 우리에게도 의미가
있습니다.

Winter of Love 237

최초의 굴레

결혼은 최초의 사회적 굴레다.
_마르쿠스 툴리우스 키케로

🐚   2,000년 전 고대 로마 철학자 마르쿠스 툴리우스 키케로(Marcus Tullius Cicero, 기원전 106~기원전 43)가 결혼을 삶의 첫 굴레라고 한 것은 반드시 나쁜 의미에서가 아닐지도 모릅니다. 인간이 만든 최초의 제도가 결혼인지, 그 앞에 동굴 생활이나 법과 같은 다른 것이 있는지는 모르지만, 결혼이야말로 가장 중요한 인간적 제도입니다. 키케로는 "자연의 선물 가운데 자신의 자녀들보다 더 사랑스러운 것이 어디 있겠는가?"라고 했습니다.

Winter of Love 238

결혼의 양면성

결혼은 새장과 같다. 바깥에 있는 것은 필사적으로 안에 들어가려고 하고 안에 있는 것은 역시 필사적으로 벗어 나려고 한다.

_미셸 드 몽테뉴

🐚　　평생 《에세》를 써서 수필 문학의 창시자라고 불리는 16세기 프랑스의 사상가 몽테뉴는 인간의 본성을 날카롭게 관찰 했습니다. 새장에 비유한 결혼에 대한 인간의 본성도 자유와 구 속의 양면성을 보여 줍니다. 그는 "남자가 여자에게 '언제까지나 사랑하겠습니다'라고 맹세하는 전제에는 '여자가 언제까지나 사 랑스러운 존재인 한'이라는 조건이 붙는다"라고 했습니다. 진실 은 상대적이라는 점을 보여 주는 말입니다. 그러나 그는 "결혼은 안정과 신뢰로 가득한 삶의 부드러운 교류다"라며 결혼을 찬양 했습니다.

이상과 현실을 구분하라

사랑은 이상이고 결혼은 현실. 둘을 혼동한 죄는 벌을 받
아야 한다.

_요한 볼프강 폰 괴테

🐚　　　이상과 현실을 혼동했다고 벌까지 받아야 한다니, 사
랑의 시인 괴테의 말치고는 매우 살벌합니다. 하지만 결과에 책
임을 져야 한다는 뜻이겠지요. 실제로 벌을 받는 것이 아니라 불
행을 초래한 정도라고 할 수 있겠지만, 괴테는 사랑에만 치우치
지 말고 결혼을 냉정한 현실 감각으로 하라고 권유합니다. 70대
에 10대 소녀를 사랑한 시인이 결혼은 현실이라고 강조하니 명
심할 필요가 있습니다. 그러나 이는 현실적인 조건 같은 것을 따
져 보라는 뜻이 결코 아닙니다.

편리하지만 즐겁지 않다

결혼 생활이란 편리한 것은 있지만 즐거운 것은 없다.

_프랑수아 드 라로슈푸코

라로슈푸코다운 풍자지만 결혼을 편리나 쾌락 중 하나
라고만 단언할 수는 없습니다. 생활의 편의를 위한 점도 있겠지
만, 평생의 반려자와 자녀와 함께하는 결혼 생활이 즐겁지 않다
고 누가 말할 수 있을까요?

천국에는 기혼자가 없다

우리는 천당에 간 사람들이 무엇을 하는지 전혀 모르지
만 그들이 무엇을 하지 않는지는 분명히 안다. 그들은 결
혼을 하지 않는다.
_조너선 스위프트

《걸리버 여행기》를 쓴 18세기 영국의 소설가 조너선 스
위프트(Jonathan Swift, 1667~1745)는 정치·경제·사회를 풍자한 작
가로도 유명합니다. 그는 평생 독신으로 산 탓인지 결혼을 혐오
했습니다. 당시의 결혼이 배금주의에 젖은 것을 비판적으로 본
것입니다.

애인과 아내의 차이

'사라, 나의 연인'이라는 말은 행복감으로 넘쳐난다. 그러
나 '사라, 나의 아내'라고 하면 그 행복감의 반이 이미 사
라지고 나머지 반도 곧 사라질 것이리라.
_고트홀트 에프라임 레싱

🐌　　　18세기 독일의 극작가 고트홀트 에프라임 레싱(Gotthold
Ephraim Lessing, 1729~1781)이 희곡 《미스 사라 샘슨》에서 멜레폰트
의 독백으로 표현한 말입니다. 순결한 처녀로 자란 사라가 멜레
폰트의 유혹에 넘어가 아버지를 배신하고 멜레폰트와 결혼하기
를 원하지만 사정이 여의치 않습니다. 게다가 멜레폰트의 옛 연
인 마우드가 그를 되찾기 위한 음모를 꾸밉니다. 사라의 아버지,
윌리엄 샘슨 경을 이용해 사라를 멜레폰트로부터 떼어 놓으려던
계획이 수포로 돌아가고 이간책도 소용없어지자 마우드는 마지
막 수단을 씁니다. 한편 사라는 아버지의 착한 딸과 멜레폰트의
유혹에 넘어간 타락한 여인 사이에서 정체성의 위기를 겪고 줄곧
불길한 예감에 시달리며 비극적인 운명으로 치닫습니다.

Winter of Love 243

뜨거운 연애를 식히는 방법

어떤 연애도 무턱대고 뜨거운 것이 아니다. 결혼 생활로
차가워지기 때문이다.

_독일 격언

당연한 이야기이지요. 그래서 유명한 미국의 소프라노
가수 마리아 칼라스(Maria Callas)는 "결혼을 하지 말아야 사랑은 언
제나 아름답다"라고 했겠지요. 또 그런 결혼의 문제점을 막기 위
해서 미국의 여배우 페이 더너웨이(Faye Dunaway)가 "결혼 생활에
는 물론 사랑 플러스 알파가 조금 있다"라고 한 것이겠지요. 역
시 미국의 여배우 캐서린 헵번(Katharine Hepburn)이 "아내에게 '끝
의 시작'은 남편에게 '시작의 끝'인 경우가 자주 있다"라고 한 것
은 결혼이 특히 남자에게 문제라는 것입니다. 그래서 결혼해서
첫 1년은 남편이 지배권을 장악하고자 노력하고, 2년째에는 동
등권을 구하려고 싸우지만, 3년째부터는 오로지 제 몸 하나의 생
존을 위해 악전고투한다는 말도 있습니다.

Winter of Love 244

결혼 생활과 독신 생활의 차이

결혼 생활은 대개 폭풍이 몰아치는 호수지만 독신 생활
은 항상 진흙탕의 연못이다.
_토머스 러브 피콕

🦔 　 19세기 영국의 낭만주의 작가 토머스 러브 피콕(Thomas
Love Peacock, 1785~1866)은 갈등이 많은 결혼 생활을 주제로 한 작
품을 많이 썼습니다. 그는 그런 결혼이라고 해도 고독한 독신 생
활보다는 낫다고 주장합니다. 그것이 우리 보통 사람들의 삶 아
닐까요?

결혼식이 장례식보다 슬픈 이유

결혼식은 장례식보다 더 슬프다. 자신의 장례식은 볼 수
없지만 남의 결혼식은 자신의 결혼식을 회상시켜 주기
때문이다.

_제인 오스틴

《오만과 편견》으로 우리에게도 친숙한 제인 오스틴이
언제나 행복한 결혼에 이르는 남녀의 사랑 이야기로 우리를 즐겁
게 하면서도 정작 결혼을 죽음보다 더 슬프다고 하니 아이러니합
니다. 평생 남의 사랑 이야기만 쓰고 자신은 불행한 사랑을 경험
한 탓일까요?

두 명의 바보

결혼은 부부를 한 몸으로 만들지만 그들을 여전히 두 명
의 바보로 남겨 둔다.

_윌리엄 콩그리브

영국의 극작가 윌리엄 콩그리브(William Congreve,
1670~1729)가 결혼에 의해 남녀가 바보가 된다고 한 것은 당대의
결혼 풍습을 풍자한 것입니다. 즉 관습에 얽매어 사랑을 잃어버
린 풍조를 비판한 것입니다. 지금도 그런 결혼이 없다고는 할 수
없을 것입니다. 콩그리브는 "연애와 결혼의 관계는 매우 재미있
는 서막과 매우 지루한 연극의 관계다"라고도 했습니다. 짧은 연
애는 화려하고 재미있지만, 평생을 이어 가는 결혼은 지루한 연
극이라고 풍자한 것입니다. 우리의 삶도 그러할지 모르지만 연
극을 지루하지 않게 즐기는 것도 삶의 지혜일 것입니다.

결혼이 신성한 이유

결혼 생활이 신성하다고 하는 것은 틀림없이 순교자가
많이 나오기 때문이리라.

_루트비히 토마

독일의 소설가이자 극작가인 루트비히 토마(Ludwig
Thoma, 1867~1921)는 결혼 생활을 신랄하게 비판한 것으로 유명
합니다. 독일만이 아니라 우리나라에도 결혼으로 인한 순교자가
너무나 많습니다. 어쩌면 역사상 존재한 대부분의 여성이 그런
순교자였는지도 모릅니다. 토마의 말은 그런 순교자가 다시는
없어야 한다는 의미일 것입니다.

결혼 생활의 필요악

결혼의 한 가지 매력은 양쪽에게 절대로 필요한 기만의
생활을 만들어 준다는 것이다.
_오스카 와일드

🐾　　　19세기 영국의 극작가 오스카 와일드가 결혼을 풍자한
이 말은 동성애자인 자신의 불행한 결혼 생활에서 나온 것인지도
모릅니다. 그러나 누구에게나 결혼은 약간의 필요악적인 기만
을 포함한다고 볼 수도 있습니다. 사랑을 위해 필요한 기만 말입
니다. 와일드가 그것을 혐오하기는커녕 매력이라고 한 것은 주
목할 필요가 있습니다. 와일드는 "남자는 지쳤기 때문에, 여자는
호기심 때문에 결혼하지만 둘 다 실망한다", "결혼 생활이란 서
로 협조하여 상대의 자유를 빼앗는 것이다"라고 했습니다.
동성애자인 오스카 와일드는 결혼해서 자녀도 낳았기 때문에 양
성애자라고도 할 수 있습니다. 그래서 남녀 모두의 심리를 꿰뚫
어 보았을까요? 그러나 그의 풍자는 19세기 영국 사회에 대한 것
이니 우리가 크게 자학할 필요는 없을지도 모릅니다.

결혼이 인기 높은 이유

결혼은 최대한의 유혹과 최대한의 기회를 결합한 것이기
때문에 인기가 높다.
_조지 버나드 쇼

🐚   20세기 가장 위대한 풍자 극작가인 버나드 쇼가 결혼
을 유혹과 기회의 결합이라고 한 것은 평생 독신으로 산 그가 결
혼을 비판한 요지였습니다. 그러나 보통 사람들에게 결혼이 항
상 그런 유혹이나 기회주의의 결합인 것은 아닙니다.

사랑의 시체를 보존하는 과정

결혼은 사랑의 생명을 연장하는 과정이 아니라 사랑의
시체를 미라로 만드는 과정이다.
_펠럼 그렌빌 우드하우스

🐝　　20세기 미국의 대중적인 극작가이자 시인인 펠럼 그
렌빌 우드하우스(Pelham Grenville Wodehouse, 1881~1975)는 결혼보
다 자유연애를 옹호했습니다. 결혼을 시체의 보존이라고 한 것
은 사랑이 없는 결혼을 극단적으로 풍자한 것으로, 우리에게 교
훈을 주기 위한 말 아닐까요?

속마음을 숨기는 동료

정치는 속마음을 알 수 없는 동료를 만들지 않지만, 결혼
은 그렇게 만든다.
_그루초 마르크스

🌸   찰리 채플린(Charles Chaplin)과 함께 무성 영화 시대
의 위대한 코미디언으로 꼽히는 그루초 마르크스(Grucho Marx,
1890~1977)는 정치와 달리 결혼한 부부는 속마음을 숨긴다고 풍
자합니다. 그러나 이 말은 부부가 서로의 마음을 숨기지 말도록
경고하는 의미 아닐까요?
그루초 마르크스는 "당신이 지금 나를 사랑한다면, 그것은 당신
이 내 전체를 보지 못하기 때문이다. 만일 당신이 내 전체를 보지
못한다면, 언제 당신이 내 전체를 보게 될까 초조해하며 당신의
사랑에 익숙해져 가는 것은 바보짓이다"라고도 했습니다.

Winter of Love 252

결혼 외의 다양한 즐거움

다양성이 삶의 향신료라면, 결혼이란 먹다 남긴 돼지고
기 통조림이다.

_조니 카슨

🐾   미국의 가장 위대한 토크쇼 사회자인 조니 카슨(Johnny
Carson, 1925~2005)이 기혼자를 비웃고자 만든 유머 가득한 재담입
니다. 결혼 외에도 삶을 맛있게 해 주는 다양한 즐거움이 있으니
결혼에만 목매지 말라는 뜻이겠지요.

꿈속의 구애, 현실의 결혼

사람들은 구애하는 동안에는 꿈꾸고 결혼한 뒤에는 깨어 있다.

_알렉산더 포프

    18세기 영국의 시인 알렉산더 포프(Alexander Pope, 1688~1744)는 벤저민 프랭클린과 반대로 사람들이 구애할 때 꿈꾸고 결혼 뒤에 깨어 있다고 말합니다. 어쩌면 포프의 말처럼 사랑할 때는 꿈꾸듯이 하고 결혼한 뒤에 현실을 따져 보는 것이 옳을지도 모릅니다.

Winter of Love 254

드라마의 결말은 결혼

모든 비극은 죽음으로, 모든 코미디는 결혼으로 끝난다.

_조지 고든 바이런

18세기 영국의 낭만주의 시인 바이런의 이 말은 모든 결말이 결혼으로 끝나는 21세기 한국 TV 드라마의 경향에 그대로 들어맞는 말일지도 모릅니다. 그만큼 대중들이 결혼에 관심이 많음을 보여 주는 것인데, 그것이 반드시 좋다고만은 할 수 없을 것입니다.

결혼 생활에서 사랑을 유지하려면

결혼 생활에서 사랑은 성냥과 같다. 문지르지 않으면 불
붙지 않는다.
_빌리 라이헬트

🍂　　20세기 독일의 유명한 영화배우 빌리 라이헬트(Willy
Reiheld, 1896~1973)는 결혼을 성냥에 비유합니다. 문질러야 불이
붙는다는 것은 스킨십이라는 피부의 접촉만을 뜻하는 것이 아닐
것입니다. 마음의 접촉도 필요하지요. 라이헬트는 "결혼 생활에
최초의 그림자가 드리워지는 것은 다음과 같은 경우다. 남편이
돌아와 '다녀왔소'라고 할 때, 아내가 '다녀오세요'라고 답하는 경
우다"라는 익살을 부리기도 했습니다.

Winter of Love 256

결혼의 위기

결혼에 위기가 닥치는 때는 아침 식사 시간이다.
_앨런 패트릭 허버트

🌸 　　영국의 극작가이자 시인인 앨런 패트릭 허버트(Alan Patrick Herbert, 1890~1971)는 이혼법의 개정을 주장한 것으로 유명합니다. 경제적인 문제가 이혼의 주된 원인이었던 영국의 결혼 현실에서 소수자의 복지를 주장한 것도 행복한 결혼 생활이 사회의 기본이라고 생각했기 때문입니다. 이혼이 급증하는 지금 한국에서도 생각해 보아야 할 점 아닐까요? 이혼에 대해 여러 가지 말들이 있습니다. 이혼을 무조건 나쁘게 볼 수도 없지만 좋게 볼 수도 없습니다. 특히 그 원인이 경제적인 것이라면 경제적인 이유로 이혼하지 않도록, 특히 가난한 사람들이 그렇게 되지 않도록 복지에 힘을 쏟아야 할 것입니다.

결혼하기 위해 하녀가 될 필요는 없다

오늘날 여자가 결혼할 수 있는 유일한 길은 자신의 학력
과 기술에도 불구하고 하녀가 되기로 동의하는 것이다.
_마거릿 미드

🌸　　　20세기 문화 인류학의 대가 마거릿 미드(Margaret Mead,
1901~1978)는 전통적인 결혼관에 반기를 들었습니다. 특히 지식
을 갖춘 여성들이 그 지식을 활용하지 않고 결혼해 남편의 하녀
처럼 산다고 비판했습니다. 그러나 반드시 그렇다고 할 수는 없
습니다. 결혼한다고 해서 반드시 여성의 학력이나 기술을 포기
하는 것이 아니라 함께 발전시킬 수도 있기 때문입니다.

Winter of Love 258
다시 결혼한다면

다시 결혼을 한다면, 억만장자이고 재산의 반을 내게 물려주겠다는 서명을 하며 1년 안에 죽겠다고 다짐한 남자와 할 것이다.

_베티 데이비스

🌸　　　20세기 전반기 미국에서 가장 유명했던 전설적인 여배우 베티 데이비스(Bette Davis, 1908~1989)가 가장 미국적인 결혼관을 보여 주는 재담입니다. 그러나 미국에도 현실적으로 이런 남자는 많지 않을 것입니다. 그러니 미국 여배우다운 이야기라고 보아 넘기는 것이 좋을 것입니다. 도리어 그녀가 남긴 말 중에서 "사랑으로는 충분치 않아요. 사랑은 토대, 주춧돌이 되어야지, 완성된 구조물이 되어서는 안 돼요. 사랑은 너무나 잘 휘고 구부러지기 쉽거든요"라고 한 말이 더 공감을 줍니다.

결혼 전엔 경청, 결혼 후엔 딴청

결혼 전에 남자는 그녀가 말한 것이 무슨 뜻인지 골똘히
생각하느라 잠들지 못하지만, 결혼 후에는 그녀가 말을
다 마치기도 전에 잠들어 버린다.

_헬런 롤런드

🍃　　　20세기 미국의 여류 작가 헬런 롤런드는 남성이 결혼
전과 후에 여성의 말에 얼마나 다르게 반응하는지를 재미있게 비
교합니다. 결혼 전의 사랑이 결혼 후의 현실에서는 변하기 마련
이지만, 이렇게까지 변하면 문제가 생길지도 모릅니다. 서로의
말을 경청하는 태도는 결혼 후에도 사랑을 지켜 나가는 데 필요
합니다.

결혼과 함께 시작되는 내기

서로 사랑하는 남녀의 결혼은 누구의 사랑이 먼저 식는
지 내기를 거는 것이다.

_알베르 카뮈

🐚　　　20세기 프랑스의 실존주의 작가 알베르 카뮈(Albert
Camus, 1913~1960)는 두 번 결혼한 것 외에도 많은 여성을 사랑했
습니다. 모든 제도를 거부한 그는 특히 결혼 제도에 얽매이는 것
을 싫어했습니다. 그러나 우리 모두가 그러하다면 우리 사회는
어떻게 될까요?

사랑은 두 사람이
함께 있는 예술

그대들은 함께 태어났으니

영원히 함께할 것이에요.

죽음의 흰 날개가 그대들의 삶을 흩어 버릴 때도

그대들은 함께 있을 것이에요.

그래요, 신의 말 없는 기억 속에서도

그대들은 함께 있을 것이에요.

그러나 함께 있되 거리를 두세요.

그래서 하늘바람이 그대들 사이에서

춤추게 하세요.

서로 사랑하세요.

그러나 사랑으로 구속하지는 마세요.

그보다 그대들 혼과 혼의 두 언덕 사이에

출렁이는 바다를 놓아두세요.

서로의 잔을 채워 주되

한쪽의 잔만을 마시지 마세요.

서로의 빵을 주되

한쪽의 빵만을 먹지 마세요.

함께 노래하고 춤추며 즐거워하되

서로는 혼자 있게 하세요.

마치 현악기의 줄들이 하나의 음악을 울릴지라도

줄은 서로 혼자이듯이

서로 마음을 주세요.

그러나 서로의 마음속에 묶어 두지는 마세요.

오직 큰 생명의 손길만이

그대들의 마음을 간직할 수 있으니

함께 서 있으세요,

그러나 너무 가까이는 서 있지 마세요.

성전의 기둥들도 서로 떨어져 있고

참나무와 사이프러스 나무는 서로의

그늘 속에서 자랄 수 없으니.

칼릴 지브란의 《예언자》 중 〈결혼에 관하여〉에 나오는 구절입니다. 제가 주례사에서 가장 자주 낭독하는 아름다운 시입니다. 오쇼 라즈니쉬(Osho Rajneesh)는 지브란이 말하는 결혼은 우리가 아는 결혼이 아니고 연애결혼은 맹목적인 욕망에 불과하다고 하지만, 저는 그렇게 생각하지 않습니다. 함께 태어난다는 것은 사랑 속에서 태어나 전에 없이 함께 새로워졌다는 뜻입니다. 그러나 거리를 두라고 한 것은 서로 지배하거나 소유하거나 개성을 파괴하지 말라는 것입니다. 이는 이 책에서 지금까지 본 '사랑의 철학'의 결론 같은 것입니다. 그리고 그 귀결이 행복한 결혼입니다.

결혼 후에 부부가 싸우는 이유는 서로의 영역을 인정하려하지 않기 때문입니다. 즉 서로의 자유를 인정하지 않기 때문입니다. 사랑은 서로 자기 의견만을 강요하지 않으며 서로를 무시하지 않는 것입니다. 두 사람이 함께 있음은 예술입니다. 칼릴 지브란은 인간은 오로지 사랑 '안에서', 사랑을 '통하여', 사랑과 '함께' 신의 경지에까지 올라갈 수 있다고 합니다. 또 사랑의 손길이 가장 적게 닿는 곳에 가장 많은 사랑이 필요하고, 사랑은 전율할 수밖에 없는 행복이라고 합니다.

사랑한다는 것은 다른 사람들과 연결되고자 하는 의지이자, 타자 속에서 자신을 발견하려는 의지이기도 합니다. 사랑은 삶 전체를 변모시키는 '혁명'이며, 또한 사랑은 가장 혁명적인 사상이라고 할 수 있습니다. 사랑은 사람의 삶 전체를 변모시키고 사회와 자연의 모습도 변화시킵니다.

그러나 현대 사회는 사랑보다 물질을 더 우선시하고, 물질 주의는 사람들로 하여금 오로지 더 많이 소유하고 소비하는 데만 몰두하게 만듭니다. 따뜻한 사랑의 유대 관계로 채워져야 할 자리가 물질적인 탐욕과 과소비의 욕망으로 채워지고 있습니다. 사랑을 되찾기 위해서는 탐욕 없는 단순한 삶을 살아야 합니다. 개인을 둘러싼 사회 환경과 제도, 즉 현재의 가부장제와 물질 만능주의 풍토 등을 함께 개선하지 않으면 세상이 온전히 사랑으로 채워질 수 없습니다. 사랑이 빈곤한 사회에서 인간은 타인의 가난과 고통, 질병을 외면하게 되고, 결국 끝없는 공허감을 느끼며 번민에 빠질 수밖에 없을 것입니다.

사랑수업

**아리스토텔레스부터 괴테까지,
2천 년 지혜의 숲에서 건져 낸 260가지 사랑법**

1판 1쇄 인쇄 2014년 4월 14일
1판 1쇄 발행 2014년 4월 18일

지은이 박홍규
펴낸이 고영수

기획·편집 노종한 허태영 박나래 **경영기획** 고병욱
외서기획 우정민 **마케팅** 유경민 김재욱 **제작** 김기창
총무 문준기 노재경 송민진 **관리** 주동은 조재언 신현민

펴낸곳 추수밭
등록 제406-2006-00061호(2005.11.11)
주소 135-816 서울시 강남구 도산대로 38길 11(논현동 63) 청림출판 추수밭
       413-120 경기도 파주시 회동길 173(문발동 518-6) 청림아트스페이스
전화 02)546-4341
팩스 02)546-8053

www.chungrim.com
cr2@chungrim.com

ISBN 979-11-5540-014-2 (03100)